싱클레어 노트

Sinclairs Notizbuch

헤르만 헤세의 「자화상」(1919)

헤르만 헤세
박광자 옮김

싱클레어 노트

Sinclairs Notizbuch

일러두기

1 헤르만 헤세의 『싱클레어 노트』에 수록된 각 작품의 출처는 「옮긴이의 말」에 밝혀 두었다.

2 본문의 각주는 전부 옮긴이 주다. 그중 별표(*)로 표시한 각주는 옮긴이가 각 작품의 이해를 돕기 위해 마련한 해설에 해당한다.

차례

은신처 —— 7
『데미안』에 대한 메모 —— 15
고집 —— 21
세계사 —— 31
전쟁과 평화 —— 39
차라투스트라의 귀환 —— 45
사랑의 길 —— 85
나쁜 시 —— 93
마르틴의 일기 —— 99
어느 젊은 독일인에게 쓴 편지 —— 107
리기산의 마지막 일기 —— 113
아델레에게 쓴 편지 —— 119
독일에 부치는 편지 —— 133
노벨 문학상 수상 소감 —— 145

옮긴이의 말 —— 147

은신처*

수년 동안 한 가지 소원이 나를 따라다녔다. 아니, 따라다녔기보다 그 소원은 내 안에 뿌리를 내려 나에게서 양분을 섭취하고 힘을 길렀다. 마치 친척들이나 친지들이 우리의 사랑 안에서 우리 집을 그들 집으로, 우리 힘을 그들 힘으로 만들듯이.

그 소원은 겉보기에 아름답고 그럴듯했지만, 실상 요지는 은신하는 삶이었다. 은신처는 변화하는 시대에 따라 매번 달랐다. 때로는 뭍에서 보트를 타고 가야 하는 피어발트슈테터[1]

---

* 헤르만 헤세의 창작 시기는, 대체로 1차 세계 대전(1914~1918)까지를 초기, 1930년까지를 중기, 1931년 이후를 후기로 본다. 독일의 역사로 보자면 프로이센, 바이마르 공화국, 나치 집권, 세계 대전의 혼란기를 거친다. 헤세를 흔히 '독일 낭만주의의 마지막 기사(騎士)'라고 부르지만, 헤세가 몸담았던 현실은 정치를 외면할 수 있을 만큼 평온하지 않았다. 『페터 카멘친트』(1904년, 27살)의 성공으로 헤세는 일찍이 주목받는 작가가 되었고, 결혼한 뒤 보덴 호숫가에 안식처를 마련하게 되었지만 행복은 오래가지 못했다. 1916년부터 1917년까지, 헤세는 카를 융의 제자에게서 60차례나 심리 치료를 받았다.

1 Vierwaldstättersee. 흔히 '루체른 호수'라고 불리는, 스위스에서 다섯 번째로 큰

호숫가의 작은 집이었고, 때로는 벌목꾼이 잠을 자는, 지지대를 세운 알프스의 오두막 — 제일 가까운 인가에서 네 시간이나 떨어진 곳 — 이었다. 그 뒤로는 암석 가운데 자리한 동굴이나 밤나무 숲과 가까운, 테신[2] 남쪽에 있는 자그마한 폐허를 은신처로 삼았다. 그곳은 산꼭대기의 포도밭처럼 높은 지대에 있는 바위 속 동굴이었는데, 창문이나 입구는 있든 없든 상관없었다. 또 다른 때에는, 승객이 나 혼자뿐인 작은 배의 승선표가 은신처 노릇을 했다. 삼 개월 동안 승선할 수 있는 그 배표만 있다면 어디든 갈 수 있었다. 간혹 은신처는 좀 더 소박한 곳, 땅속의 작은 구덩이나 자그마한 무덤이었다. 땅을 잘 팠든 못 팠든, 무덤 위에 꽃이 있든 없든, 심지어 관이 있어도 상관없었다.

하지만 그 장소들의 의미와 핵심은 항상 똑같았다. 별장이든 선실이든, 알프스의 오두막이든 토스카나의 정원이든, 테신의 석굴이든 묘지 속의 구덩이든, 요컨대 이 모든 곳들은 항상 피신의 장소였다. 이 같은 소원을 이야기한 글로는, 슈바벤의 목사이자 사랑스럽고 병약한 기인[3]이 쓴 시 한 편이 있다. 그는 세상을 등지고 시골에서 태평세월을 보내며 이런 시를 썼다.

내버려두라, 오 세상이여, 오 나를 내버려두라.

호수다.

2　Tessin. 스위스 남부에 위치한 주(州)로, 이탈리아에서는 티치노라고 불린다.

3　독일의 서정시인 에두아르트 뫼리케(Eduard Mörike, 1804~1875)를 가리킨다.

나는 숨을 곳만 있다면 숲속이든 바다든 가리지 않을 것이고, 그 어딘가에 안전하고 조용한 은신처가 있다면 세상의 모든 것을 가진 기분이리라. 일단 사람이 없어야 하고, 걱정의 배달꾼이나 생각이라는 도둑도 없어야 한다. 편지, 전보, 신문뿐 아니라, 어떤 종류의 문화 장사꾼도 없어야 한다. 계곡물이 흐르는 곳, 폭포수가 떨어지고 갈색 암석 위로 햇볕이 조용히 내리쬐는 곳이라면 괜찮다. 나비가 날아다니고, 염소가 풀을 뜯고, 도마뱀이 알을 품거나 갈매기가 둥지를 트는 곳도 좋다. 어디든 그런 곳에서 나는 나만의 평화와 외로움, 잠과 꿈을 누리고 싶다. 내가 부르지 않은 사람이라면 누가 됐든 발을 들여놓아선 안 된다. 누구도 이 은신처를 알아선 안 되고, 또 누구도 내가 거기에 있음을 알아선 안 된다. 그 누구도 내게 뭔가를 바라거나 강요해선 안 된다. 어떤 주소록이나 세금 장부에도 내 이름이 올라선 안 된다.

내 소원과 꿈은 매력적이고, 감미로우며 소박하게 보였다. 본받을 대상과 유명 시인들이 소망할 법한, 극히 바람직한 꿈이었다. 권력을 추구하지 않는 인간, 세상의 요구에 어울려 무리 없이 활동하는 인간, 남쪽의 외진 구석, 산속의 석굴이나 동굴처럼 숨기에 적당한 장소, 은신처나 무덤을 찾고자 하는 이런 소원보다 더 바람직하고 더 납득할 만한 소원이 과연 있을까? 시골집이나 선실을 바라는 게 너무 과한 요구라면, 오두막의 짚으로 만든 잠자리나 이름 없는 작은 무덤에 대해선 결코 비난할 수 없을 것이다.

수년 동안, 수많은 세월 동안에 산책을 하거나 정원 일을 할 때면, 또 잠들기 전이나 깨어난 뒤, 열차 안에 있거나 잠 못 이루는 밤이면 나는 그 꿈을 생각하곤 했다. 나는 그 꿈을 개

축하고, 그림으로 그리거나 색칠하고, 더욱 아름답고 부드럽고 사랑스럽게 연주하고, 숲의 그늘로 덧칠했다. 그렇게 염소들의 방울 소리에 젖어 꿈에 빠지고, 그리움을 엮고, 사랑을 쏟았다. 나는 사랑스러운 나의 꿈을 다정하게 비추고, 자애롭게 쓰다듬었으며, 그 꿈에 청혼하고 애무하기도 했다. 곰곰이 생각해 보면, 지상의 그 어떤 것에도 이토록 많은 사랑, 이토록 지극한 정성, 피를 쏟아 내는 뜨거운 열정, 이토록 마르지 않는 갈망으로 심혈을 기울인 적은 결코 없었다. 극소수의 대상에게만 그랬을 것이다.

내가 사랑한 그 꿈이, 얼마나 나를 자극하고 위로하며 나의 길을 비춰 주었는지 모른다. 그 꿈은 몹시도 진실하고 심오하게 울렸으며, 장밋빛으로 타올랐다. 그 꿈은 한없이 보드라운 금실로 무척 정교하게 엮여 있었고, 수없이 신중하게 선택한 빛깔로 정성껏 부드러이 채색되어 있었다.

그런데 세월이 흘러, 나는 이따금 다른 목소리에 사로잡히고 경고를 듣게 되었다. 여기저기서 경고의 말이 들려오고, 해로운 생각이 꿈속을 스쳤다. 그리하여 내 소중한 꿈의 영상엔 금이 가고, 꿈속 선율은 어긋나고, 꿈의 잎새가 일부 시들어 버렸다고 생각했다. 나는 금이 간 곳을 급히 메우고, 새로운 사랑을 거듭 쏟아부었다. 결함을 깊이 반성하고, 소원에 생생한 피를 수혈했다. 그랬더니 꿈은 곧 다시금 아름답고 완전해졌다. 꿈을 새롭게 되살려 내서 빛나게 하고, 잃어버린 것을 되찾을 수 있었다.

하지만 나는 점점 더 자주, 그 꿈에 어울리지 않는 생각에 빠져들었다. 친구들과 대화 중의 한 마디 말, 책 속의 문장 하나, 성경의 한 구절, 괴테의 한 글귀가 나를 사로잡았고, 외로움, 친구나 기쁨의 상실이 거친 언어로 내게 이야기하고, 고통이 마음속에 둥지를 틀었다. 하나같이 거들떠볼 가치조차 없는 소리와 경고에 불과했지만 그 모든 것이 매번 같은 상처를 건드렸다. 그리고 그 모든 것들이 나의 꿈을 힐난했다. 셰익스피어는 그 꿈을 조롱했고 칸트는 공격했으며 부처는 아니라고 말했다. 고통이 나를 계속 꿈으로 이끌었다. 은신처만 있다면 고통이 진정되고 그것으로부터 달아날 수 있을까? 소음이나 혼잡으로부터 동떨어진 동굴, 시냇가, 자연의 심장부에 머물면 잠과 허기, 미소, 거리낌 없는 시선, 안정된 호흡과 의욕을 과연 되찾을 수 있을까?

하지만 고통은 점점 커지고 끊임없이 지속되었으며 꿈을 조준하고 있었다. 그 꿈이 무가치함을 깨닫게 된 순간이 온 것이다. '은신'은 나를 치유하지 못할 것이고, 숲이나 오두막에 있더라도 고통은 사라지지 않을 것이다. 그곳에 있다고 한들 세상과는 화합할 수 없을 테고, 제대로 나 자신이 될 수도 없으리라.

이 모든 일은 서서히 그리고 계속 굴곡지게 진행되었다. 수백 번이나 내가 소원하던 꿈이 다시 나타났고, 마치 위로하듯 냇물이 갈색 자갈 위로 흘러갔다. 그리고 호수는 더없이 아름다운 색채의 꿈속에서 일렁였다. 경고가 늘어났고 고통은 커졌으며, 때때로 욥[4]이 내 형제 같다고 느끼기도 했다.

그러다 갑자기 새로운 인식이 내 이마를 쳤다. 그것은 보다 고약하고, 보다 명확하며, 보다 적대적이고 위협적이었다.

---

4 구약 성경 '욥기'에 등장하는 인물로, 민족생 기혹한 시련에 시달리면서도 믿음을 굳게 지켰다.

그 인식이란 이런 것이었다. '네가 바라는 꿈은 잘못되었다. 오류, 어린아이의 귀여운 장난, 비누 거품보다 더 덧없고 더 고약하며 더 위험하다. 그 꿈은 너를 갉아먹었고 너의 피를 빨아 마셨으며 너의 삶을 도둑질했다. 너는 친구에게, 아내에게, 아이에게 그리고 너 자신에게 그 꿈에 기울인 정성, 애정, 수많은 낮과 밤, 창조의 시간을 다만 절반만이라도 베푼 적이 있는가? 놀랐는가? 네가 누구를 부양하고, 누구를 가슴에 품어 왔는지 지금 깨달았는가? 너의 권태, 너의 고통, 너의 노화, 너의 약함, 이것은 누구 탓인가? 모두 그것의 탓, 바로 그것 때문이다. 그 꿈, 그 흡혈귀, 그 뱀 탓이다.'

이러한 인식은 처음엔 승리를 거두지 못했고, 그것이 확고하게 자리 잡은 오늘날에도 여전히 의심과 패배에 노출되어 있다. 그럼에도 그 같은 인식은 사라지지 않은 채 내게 남아 있다.

그러다가 꿈에 마음이 사로잡히는 순간이 찾아왔다. 꿈이 마지막 리허설을 했다. 꿈이 실현된 것이다. 산기슭 남쪽 호수 너머에 있는 조그마한 은신처, 멀리 호젓이 자리한 작고 아름다운 집이었다. 은신처이자 도피처, 휴식처, 꿈의 요람이었다. 그것을 가지게 되었다. 나한테 그런 집이 주어진 것이다.

그런데 보아라, 꿈의 정체가 들통나고 말았다. 온갖 멋들어진 거짓말을 늘어놓더니 결국 발각되었다. 실현을 앞두고 꿈에 놀라운 변화가 일어났다. 꿈은 실현되기를 원하지 않았고, 비겁하게 이의를 제기했다. 핑계를 대면서 뒤로 흠칫 물러났다.

아, 별도리가 없었다. 꿈은 나를 너무 오래도록 속이고, 너무나 오래, 지나칠 정도로 너무 오랫동안 약속만을 거듭해 왔다. 여태 계속 환영받고 또 환영받아 왔으니, 꿈은 한 번쯤 실현되어야 했다. 그런데 인제 보니 실현해야 할 것은 아무것도 없었다. 꿈이 내게 줄 것은 하나도 없었다. 꿈은 잘못된 주소를 알려 준 사기꾼처럼 움찔 뒤로 물러났고, 막상 그곳에 가 보니 그를 아는 사람은 아무도 없었다. 정체가 발각당한 그는 이제 입을 다무는 수밖에 없었다.

꿈은 치명타를 맞았다.

하지만 흡혈귀는 수많은 치명타를 견뎌 내고 돌연 되살아나서, 다시 잡아먹거나 신선한 피를 빨아먹으려 할 터다. 피가 아직 살아 있고, 술수와 가능성 역시 그대로 가지고 있으니까.

나는 그 피가 나의 적수라는 사실을 안다.

최종적 인식을 얻은 날부터 나는 그 사실을 알았다.

모든 다른 인식처럼 그것은 익숙하고 종종 보아 온 모습으로 나타났다. 그것은 내가 우연히 책에서 읽은 금언, 오래된 격언, 성경 구절이었으며, 내가 수년 전부터 알고 가슴속에 간직해 온 말이었다. 오늘날에도 한결같이 새롭고, 지금 이 순간에도 나의 내면에서 울리고 있다.

'하느님의 나라는 너희 안에 있다.'[5]

이제 나는 내가 따르고, 나를 이끌어 주며, 내 피를 바칠 대상을 다시 얻었다. 그러나 그것은 소원이나 꿈이 아니라, 목표다.

내 목표는 바로 은신이다. 그런데 그것은 동굴이나 선실에서 은둔하는 삶이 아니다. 이제 나는 나의 내면에서 은신처를 찾고 갈구한다. 오직 나만이 존재하고 세상은 결코 이르지

---

5 「누가복음」, 17장 21절.

못하는 공간, 귀한 장소, 나 홀로만의 둥지, 산속이나 동굴보다 더 으슥하고 관이나 무덤보다 더 안전하며, 아주 깊게 숨겨진 곳 말이다. 거기에 이르는 것이 나의 목표다. 그 무엇도 침범할 수 없고, 온전히 나 자신에게만 속하는 곳이다.

폭풍이 불고 고통을 겪거나 피를 흘릴지도 모른다.

나는 그저 길의 초입에 막 다다랐을 뿐이다. 단지 출발점에 도착한 참이지만 그것은 이제 나의 길이다. 더는 나의 꿈이 아니다.

오, 깊은 은신처여! 어떠한 폭풍도 그곳에 닿지 못하고, 어떠한 불길도 그곳을 태우지 못하며, 어떠한 전쟁도 그곳을 파괴하지 못한다. 내면의 조그마한 방, 아담한 관과 작은 요람, 너는 나의 목표다.

(1916)

『데미안』에 대한 메모[*]

만약 우리가 단 한 번 존재하는 인간이 아니라면, 또 우리를 단 한 발의 총알로 이 세상에서 완전히 말살할 수 있다면, 이야기를 하는 일에는 아무 의미도 없을 터다. 하지만 인간은 오직 그 자신이며, 독자적이고 매우 특별한 존재로, 언제나 세상에서 일어나는 일들이 교차하는 중요하고 존귀한 하나의 점(點)이다. 그런 까닭에 각 개인의 역사는 귀중하고 신성하며, 우리 삶이 어떤 식으로든 자연의 의지를 완성한다는 점에서 모든 인간은 훌륭하고 충분히 주목받을 만한 가치가 있다. 누구에게나 지각(知覺)이 있고, 모든 피조물은 고통당하며, 저

---

[*] 1917년 당시에 헤세는 '에밀 싱클레어'라는 필명으로 활동하고 있었는데, 이렇듯 필명을 사용한 이유에 대해 스스로 "산과 들을 노래하는 서정적 향토 시인이 아니라, 현실에도 관심을 가진 작가라는 사실을 알리고 싶어서"라고 말한 바 있다. 싱클레어라는 이름은, 프리드리히 횔덜린의 오랜 친구인 이작 폰 싱클레어(Isaac von Sinclair)로부터 빌려 온 것이다. 한편, 헤세는 심리 치료를 받으면서 융의 철학뿐 아니라 니체에게도 영향을 받았다. 기존 도덕(기독교)의 파괴, 인간 성숙의 삼단계설 그리고 파멸을 새로운 출발로 여기는 것, 감자의 이미지(헤세의 데미안/ 니체의 초인) 등을 고려해 볼 때, 『데미안』은 니체를 상기시킨다.

마다 십자가에 매달린 한 명의 구세주를 가지고 있다.

오늘날, 인간이 어떤 존재인지 아는 사람은 별로 없다. 상당히 많은 사람들이 다만 그것을 어렴풋이 느낄 뿐이다. 그런 고로 좀 더 쉽게 죽을 수 있다. 마치 내가 이야기를 다 쓰고 난 뒤에, 보다 쉽게 죽을 수 있는 것처럼 말이다.

내 이야기는 편안하지 않으며, 꾸며 낸 이야기처럼 달콤하거나 재미있지도 않다. 그것은 더 이상 스스로를 속이려 하지 않는 사람들의 삶이 그러하듯이, 어리석고 혼란스러우며 광기(狂氣)와 혼돈으로 가득하다.

모든 인간의 삶은 자기 자신에게 이르는 길이며, 그 길을 찾으려 하는 시도, 오솔길의 암시다. 우리는 서로를 이해할 수 없으며, 누구든 오직 자신에게만 설명할 수 있다.

어린 시절에

때때로 나는 내 인생의 목표가 부모님처럼 되는 것, 그렇게 밝고 맑게, 그렇게 뛰어나고 단정하게 되는 것이라고 생각했다. 하지만 거기에 이르는 길은 멀기만 했다. 그렇게 되려면 학교를 견뎌야 하고, 대학교 공부를 하고, 시험을 봐야 했다. 그 길은 어두운 세계를 계속 지나, 결국 그곳마저 뚫고 지나가야 하므로, 기어이 헤어나지 못하고 침몰하는 경우도 더러 있었다. 나는 탕아에 관한 이야기를 열정적으로 읽었다. 그런 이야기에서는 언제나 아버지에게로, 선한 세계로 돌아오는 일이 곧 구원이며 훌륭한 과업이었다. 언제나 그것만을 올바른 것, 선하고 바람직한 것이라고 느꼈다. 그렇지만 훨씬 더 내 마음을 끌어당긴 것은 악당들과 탕아들이 나오는 대목이었고, 감히 고백하건대, 탕아가 참회하고 다시 예전 세계로 받아들여지는 장면이 유감스러울 때도 있었다. 하지만 그런 말을 입 밖에 내거나 그런 생각을 떠올려서는 안 되는 일이었다. 그것은 하나의 예감이자 가능성으로서, 감정의 저 밑바닥에 막연히 자리 잡고 있었다.

카인의 표식에 관한 이야기

이야기의 시작은 표식이다. 어떤 사람이 있었다. 그의 얼굴에는 다른 사람들을 겁나게 하는 무언가가 있었다. 사람들은 그를 감히 건드리지 못했다. 그가 사람들을 압도한 것이다. 그는 물론, 그의 자손들 역시 그랬다. 하지만 그 표식은 마치 우체국 직인처럼 이마에 찍혀 있지는 않았을 것이다. 사람이 살아가면서 그토록 무지막지한 일을 겪기는 흔치 않다. 오히려 거의 알아볼 수 없는 섬뜩한 것이었을 터다. 가령 시선에 담긴 비범한 정신 혹은 담력 같은 것으로, 남들에게는 낯선 무엇이었으리라. 그 남자에게는 어떤 힘이 있어서 사람들은 그를 두려워했다. 그는 '표식'을 가지고 있었다. 그런데 사람들은 그 표식을 올바로 알기보다는 일종의 훈장 같은 것으로 오해했다. 사람들은 표식을 가진 이들에게 섬뜩하다고 말했는데, 그건 사실이기도 했다. 용기와 나름의 개성을 지닌 사람은 다른 이들에게 굉장히 섬뜩하게 여겨지는 법이다.

노동자들이 공장주를 때려죽이든, 러시아인과 독일인이 서로 총질을 해 대든, 결국 윗사람만 바뀔 뿐이다. 그래도 완전히 헛된 일은 아니다. 오늘의 이상(理想)이 무가치함을 입증하고, 케케묵은 신(神)들을 추방하게 될 테니까. 현 상태의 우리 세상은 멸망할 것이다. 파멸하게 되리라. 그렇게 될 것이다.

앞으로 다가올 일은 끔찍할 것이다. 유럽의 영혼은 엄청나게 오랜 세월 동안 묶여 있던 짐승이다. 속박에서 풀려나면, 그 첫 번째 행동은 그리 사랑스럽지 않을 것이다. 하지만 지금껏, 그토록 오랫동안 기만당하고 마비되어 있던 영혼이 참된 곤궁함을 드러내면, 우리가 어떤 길을 걸어왔든 우회했든, 그런 것은 문제 되지 않을 터다. 그때가 되면 우리의 날이 도래하고, 세상 사람들은 우리를 필요로 하게 될 것이다. 우리는 지도자나 새로운 입법자로서가 아니라 — 아마 생전에 새로운 법을 경험하지는 못하겠지만 — 운명이 부르는 곳이라면 어디든 가서 그곳에 머물 각오가 된 사람으로서 필요하게 될 것이다. 사람들은 모두 자신의 이상이 위협받으면 좀체 믿기지 않는 엄청난 일을 벌일 각오를 한다. 바야흐로 지금 새로운 이상, 새로운 움직임 혹은 위험하고 무시무시한 발전의 시동(始動)이 문을 두드리고 있지만 그곳엔 아무도 없다.

깊은 곳에서 무언가가 만들어지고 있었다. 새로운 인간성 같은 것 말이다. 왜냐하면 나는 많은 사람들을 보았고, 그들 중 어떤 이는 전쟁터에서, 바로 내 곁에서 죽었다. 나는 그들을 바라보며, 사실상 증오와 분노, 살육과 파괴의 목표가 그 대상과는 아무런 관련이 없음을 통찰하게 되었다. 그렇다, 대상은 목표와 마찬가지로 완전히 우연한 것이었다. 밑바닥에 고인 감정, 아주 거친 감정조차 적을 향한 것이 아니었다. 피

비린내를 풍기는 그들의 위업은 오로지 내면의 발산, 새로 태어나기 위해 분노하고 도륙하고 말살하고 죽고자 하는, 스스로를 파괴하려 하는 영혼의 발산이었다.

(1917)

고집[*]

내가 굉장히 좋아하는 덕(德)이 하나 있는데, 그것은 고집이다.

책에서 읽었거나 교사들이 가르쳐 준 여러 가지 덕목 중에서 내가 지킬 수 있었던 것은 그리 많지 않다. 그리고 인간이 만들어 낸 수많은 미덕들을 한마디로 요약해 보자면, 바로 복종이다. 문제는 누구에게 복종하느냐는 것이다. 물론, 고집도 어떤 의미에서는 복종이라 할 수 있다. 하지만 여느 사람들이 사랑하고 칭송하는 다른 모든 미덕은 인간이 만든 법칙에 대한 복종을 의미하는 반면에, 오로지 고집만큼은 이러한 법칙에 얽매이지 않는다. 고집 있는 사람은 전혀 다른 법칙, 곧 자기 내부에 존재하는 극히 성스러운 법칙인 '자신만의 생각'[6]을 따른다.

---

[*] 헤세는 "삶의 저열함에 맞서는 데에는 세 가지 무기가 있다. 용기, 고집 그리고 인내가 그것이다. 용기는 강하게 하고, 고집은 즐겁게 하며, 인내는 평화를 준다."라고 말한 바 있다. 헤세가 이야기하는 고집은 배짱, 소신, 줏대를 뜻하는데, 외부의 압력에도 굴하지 않은 신념을 가리킨다. 헤세는 이 글에서 고집을 가진

고집이라는 미덕이 별로 사랑받지 못하는 현실이 정말 아쉽다. 고집은 미덕으로 존경받고 있는가? 전혀 아니다. 오히려 고집은 악덕으로, 몹쓸 무례함으로 간주된다. 우리는 항상 고집이라는 단어를 뭔가에 방해받거나 증오심을 느낄 때 사용한다. (이 미덕은 늘 누군가의 방해를 받거나 증오를 불러왔다. 소크라테스, 예수, 조르다노 브루노[7] 등 여러 고집쟁이들을 생각해 보라.) 우리는 고집을 미덕, 또는 자랑거리로 만들기 위해 그 단어가 지닌 강한 뉘앙스를 최대한 약화시키곤 한다. 고집이라는 말 대신에 '성격' 혹은 '개성' 같은 단어를 쓰곤 하는데, 확실히 이런 말들은 '고집'만큼 거칠거나 불량하게 들리지 않는다. 오히려 품격 있게 느껴진다. '독창성'이라는 단어도 좋다. 그런데 독창성이라는 단어는 어디까지나 참아 줄 수 있는 별종, 예술가, 기인한테만 사용한다. 경제나 사회 영역과 달리, 예술 분야에서 고집은 그리 큰 손해를 끼치지 않으므로, 우리는 대개 그것을 귀한 독창성으로 여기거나, 모름지기 예술가라면 어느 정도 고집이 있어야 한다며 되레 긍정적으로 평가한다. 하지만 저러한 예를 제외하면, 오늘날 '성격'이나 '개성'이라는 말은 보통 어딘가 극단적으로 뒤틀린 상태를 의미한다. 이 뒤틀린 상태는 평소에 이따금 나타나곤 하지만, 급기야

사람으로 예수, 부처, 수도사 브루노를 언급하는데, 『데미안』의 카인이나 데미안 역시 그러한 인물이다.

6 여기서 '고집'으로 번역한 독일어 단어 Eigensinn은, eigen(자신의)과 Sinn(생각)이 결합한 단어다.

7 Giordano Bruno(1548~1600). 도미니코회 수도사이자 철학자, 수학자로, 그는 죽음 앞에서도 자신만의 신념, 요컨대 기독교적 세계관에 반하는 근대 합리주의적 우주론을 최후의 순간까지 주장하다가 화형당했다.

결정적인 계기를 마주하면 도무지 이해할 수 없는 괴상한 법칙을 따르기도 한다. 자신만의 견해와 식견이 있음에도 단지 그것만을 따르지 않는 사람을, 우리는 '개성 있는 사람'이라고 부른다. 그런 사람은 자신이 다르게 생각하거나 다른 생각을 품고 있음을 교묘하게, 아주 드물게 내보일 뿐이다. 이런 경우에 현대인들은 '개성'을 미덕으로 간주한다. 하지만 누군가가 독자적인 견해를 가지고, 실제로 자기 신조에 따라 살아가려 한다면, 이때 '개성'이라는 말은 칭찬이 아닌 '고집쟁이'라는 낙인으로 뒤바뀐다. 고집을 글자 그대로 해석해 보자. '고집'이란 무엇인가? 그것은 자신만의 생각을 가졌다는 뜻이다. 그렇지 않은가?

지상에 있는 모든 것들은 전부 자신만의 생각을 가지고 있다. 돌, 풀, 꽃, 나무, 동물 등 모두가 '자신의 생각'에 따라 자라고, 살아가고, 행동하고, 느끼는 까닭에 이 세상이 훌륭하고 풍요롭고 아름다운 것이다. 꽃과 열매, 참나무와 자작나무, 말과 닭, 주석과 철, 금과 석탄이 각기 세상에 존재하고, 이 모든 것들이, 우주에서 아무리 미미한 것일지라도 자신의 '생각'을 가지고, 완전하고 확실하고 흔들림 없이 자기 법칙을 철저하게 따르기 때문에 그러할 수 있는 것이다.

이 영원한 부름에 따라 자신의 깊은 내면에서 우러나오는 생각대로 자라나고 살아가고 죽는 것을 허락받지 못한, 불행하고 저주받은 존재는 지구상에 단 둘뿐이다. 그것은 바로 인간과 인간에 의해 길들여진 가축으로, 이들은 자기 삶과 성장의 목소리를 따르지 못한 채 인간 스스로가 만들어 낸, 시대의 흐름에 따라 인공적으로 파괴되거나 바뀌는 특정한 법칙에 순종해야 하는 운명이다. 그런데 참으로 기이한 점은, 자기 내면의 자연법칙을 따르기 위해 제멋대로 성립된 법을 무시하다가 유죄 판결을 받고 돌에 맞아 죽은 이들이, 훗날 진정한 영웅이자 해방자로서 오래도록 숭배받고 있다는 사실이다. 저마다 개인이 가진 자연법칙을 외면하고, 복종을 최고의 미덕으로 칭송하며 심지어 요구하던 사람들이 오히려, '자신만의 생각'을 외면하느니 차라리 죽음을 선택한 이들을, 자기들의 만신전에 모시고 있다.

신화적인 인류 초기 시대부터 외경심을 가득 담아 사용해 온, 극히 고결하고 신비롭고 성스러운 단어인 '비극적'이라는 말이 요즘 기자들에 의해 너무나도 심각하게 오용되고 있다. 본디 '비극적'이라는 단어는, 관습적인 법에 맞서 자신의 별[星]을 따르다가 파멸한 영웅의 운명을 의미한다. 이것에 의해, 오로지 이것에 의해 인류는 '자신의 생각', 즉 고집이 무엇인지 인식할 수 있다. 왜냐하면 비극적인 영웅, 이른바 고집쟁이는 수백만의 평범한 사람들, 겁쟁이들에게 인간의 법에 불복종하는 것이 단지 상스러운 방종이 아니라, 훨씬 더 지고하고 성스러운 법에 충실한 행동임을 보여 주기 때문이다. 인류의 일반적인 생각은, 우리들 모두가 서로에게 적응하고 복종하기를 요구한다. 그러나 최고의 영광은 순응하는 사람들, 겁쟁이들, 순종적인 이들을 위해서가 아니라, 고집 있는 사람들과 영웅들을 위해 남겨져 있다.

기자들은, 공장에서 일어나는 모든 재해를 '비극적'(그들에게 이 단어는 '불쌍한'을 의미한다.)이라 부르면서 잘못 사용하고 있다. 가련하게 전사한 군인의 죽음을 '영웅적 죽음'이라 부르는 요즘의 세태는 결코 옳지 않다. 그것은 감상적인 사람들, 무엇보다 전쟁에 참가하지 않은 이들이 흔히 내뱉는 말이다. 물론, 전사한 군인들이 우리의 크나큰 위로를 받아야 함은 마땅하다. 그들은 엄청난 일을 해냈고, 고통을 당했다. 그렇지만 그들은 '영웅'이 아니다. 느닷없이 빗발치는 총탄을 맞은 이들과 마찬가지로, 그들 역시 한 사람의 군인 또는 시민일 따름이다. 수많은 사람들, 수백만의 이들이 전부 '영웅'이라는 생각은 불합리하다.

'영웅'은 고분고분하고 온순하게 의무를 다하는 시민이나 그런 역할에 충실한 사람을 가리키는 말이 아니다. '자신만의 생각', 자기가 가진 고귀하고 타고난 고집을 운명으로 만드는 사람만이 영웅적이다. "운명과 심성은 같은 개념"이라고, 노발리스[8]는 말했다. 자신의 운명에 대해 용기를 가진 사람만이 영웅이다.

사람들 대다수가 이 같은 용기와 고집을 가진다면, 아마도 오늘날의 지구는 전혀 다른 모습일 것이다. 월급을 받는 우리의 교사들은(그들은 지난 시대의 영웅들과 그 영웅들이 지닌 고집을 우리들 앞에서 그렇게도 칭송했다.) 모두가 용기와 고집을 가진다면 세상이 온통 뒤죽박죽이 되리라고 말한다. 하지만 그들은 그에 대한 증거를 가지고 있지 않으며, 제시하지도 못한다. 자립적으로 자기 내면의 법칙이나 의미를 따르는 사람들 사이에서 삶은 더 풍요롭고 더 높게 피어날 수 있다. 그런 사람들의 세계에서는, 오늘날 우리의 존경스러운 판사들이 처리해야 하는, 가령 욕설이나 성급하게 따귀를 때린 일 따위로 처벌받는 경우는 없을 것이다. 간혹 그 같은 세계에서도 살인 사

---

8 Novalis(1772~1801). 본명은 프리드리히 폰 하르덴베르크(Friedrich von Hardenberg)로, 노발리스의 『푸른 꽃』은 독일 낭만주의를 대표하는 작품이다.

건은 일어날 터다. 그런데 온갖 법률과 형벌이 존재하는 오늘날의 우리 사회에서도 살인 사건은 일어나고 있지 않은가? 도리어 용기와 고집을 가진 사람들의 세계에서는, 지금의 질서 정연한 우리 사회에서 빈번히 발생하는, 저 끔찍하고 슬프고 이상한 일은 일어나지 않을 것이다. 그런 일은 불가능하다. 예컨대, 민족 간의 전쟁 같은 것 말이다.

이런 말을 들은 이 나라의 당국자들이 '당신은 혁명을 선동하고 있다!'라고 외치는 소리가 들린다.

하지만 그것은 또 다른 착각일 뿐, 떼거리 인간[9]들에게서나 일어날 수 있는 일이다. 내가 왜 혁명을 바라겠는가? 사실 혁명은 전쟁과 다를 바 없는데, 가령 '다른 수단을 가지고 정치를 계속' 이어 가는 행위일 따름이다. 그러나 일단 자신에 대해 용기를 가지고, 스스로의 운명에 귀 기울이는 사람은 정치에 관심이 없다. 군주제든 민주주의든, 혁명적이든 보수적이든 아무 상관이 없는 것이다. 그러한 사람은 다른 데에 신경을 쏟는다. 그의 '고집'은 깊고 아름다우며, 신의 뜻을 따르는 식물의 줄기처럼 오직 자신의 성장에만 관심을 둔다. '이기주의'라고 말하고 싶다면 그렇게 하라. 하지만 이 이기주의는, 돈을 그러모으는 사람이나 권력을 탐하는 자들의 천박한 이기주의와는 전혀 다르다.

내가 이야기하는 '고집'을 가진 사람은 돈이나 권력을 추구하지 않는다. 돈과 권력, 그것을 거머쥐기 위해 서로를 괴롭히고 쏘아 죽이는 행위는, 자기 스스로에 도달한 사람, 고집

---

9 헤세가 자주 사용하는 용어로, 자신의 길을 오롯이 나아가기보다는 마치 가축처럼 떼를 지어 사는 무책임한 사람들, 속물을 일컫는 말이다.

있는 사람에겐 별반 가치가 없다. 그는 오직 한 가지만을 높이 평가한다. 그것은 바로 그 자신을 살게 하고 성장하도록 하는, 자기 안에 깃들어 있는 신비한 힘이다. 이 힘은 돈 따위로 획득할 수도, 고양할 수도, 심화할 수도 없다. 왜냐하면 돈과 권력은 불신의 산물이기 때문이다. 자기 내면 깊은 곳에서 우리나 생명력을 믿지 않거나 그런 것을 가지지 못한 사람은 돈 같은 것으로 그 신비한 힘을 대신하고자 한다. 자신을 신뢰하는 사람, 자기 운명을 순수하고 자유롭게 체험하려는 사람, 그러한 운명을 좇는 사람은 돈이나 권력처럼 수천 배나 과대평가된 보조적인 수단을 극히 저급한 도구로 취급한다. 물론, 돈과 권력을 소유하고 사용할 수 있다면 편하기야 하겠지만, 그런 것들은 결코 결정적인 역할을 할 수 없다.

아, 나는 고집이라는 미덕을 무척 사랑한다. 이 미덕을 인식하고 거기서 무언가를 찾아낸 사람은, 남들이 훌륭하다고 떠들어 대는 수많은 다른 미덕들을 의심스러운 눈빛으로 바라보게 된다.

애국주의가 그중 하나다. 나는 애국주의를 반대하지 않는다. 하지만 애국주의는 개인의 자리에 몹시 거대한 복합물을 세워 놓는 것으로, 그 미덕이 진정 소중하게 여겨지는 때는 전쟁, 즉 '정치를 계속 이어 가기 위한' 구차하고 어리석은 수단이 시작되는 순간이다. 우리는 땀 흘려 밭을 일구는 농부보다, 총으로 적을 쏘아 죽이는 군인을 더 위대한 애국자라고 생각한다. 왜냐하면 농부는 농사로 자신의 이득을 취하기 때문이다. 우리가 가진 왜곡된 도덕 체계는, 참으로 우습게도, 어떤 사람이 자신의 미덕으로 혜택을 보거나 이익을 얻으면 문제시한다. 도대체 왜 그렇게 생각할까? 그것은 우리가 남을 희생시켜 이득을 취하는 데에 익숙하고, 다른 사람의 소유물을 탐내지 않고는 도저히 견딜 수 없기 때문이다.

원시 부족의 추장은 적을 죽이면 그 죽은 자의 생명력이 자기한테 깃든다고 믿었다. 그런 가련한 야만인들의 믿음이 아직도 모든 전쟁과 경쟁, 불신의 뿌리에 자리 잡고 있는 것은 아닐까? 오히려 선량한 농부와 전장의 병사를 동등하게 대우해 주는 것이 더 행복한 세상은 아닐까? 한 인간 또는 한 민족이, 삶에서 기쁨이나 이득을 얻기 위해 반드시 다른 사람, 다른 민족에게서 뭔가를 빼앗아 와야 한다는 미신을 포기할 수 있다면 얼마나 좋을까?

그런데 교사들이 이렇게 말하는 소리가 들린다. '그거 꽤 그럴싸해 보이는군. 하지만 국민 경제의 관점에서 상황을 객관적으로 생각해 보라고. 세계의 총생산량은 말이야……,'

나는 그 말에 반박한다. '좋습니다. 일단 국민 경제의 관점은 결코 객관적일 수 없습니다. 그것은 일종의 색안경으로, 무엇을 쓰고 바라보느냐에 따라 서로 다른 결과가 나타나기 마련입니다. 예컨대, 전쟁 시작 전의 상황을 생각해 보십시오. 그때 국민 경제의 관점에 선 이들은, 세계 대전이란 불가능하며, 설령 일어난다고 해도 오래가지 않으리라고 예측했습니다. 하지만 전쟁이 끝나 가는 지금, 다름 아닌 국민 경제의 관점으로 그 반대의 상황을 증명할 수 있습니다. 안 될 말입니다. 우리 이제 그런 공상은 집어치우고 실제적인 생각을 해 봅시다.'

'관점'과는 아무 관계가 없다. 그것은 전부 표면에 깔린 살얼음에 불과하다. 우리는 계산기도, 무슨 기계 장치도 아니다. 우리는 인간이다. 인간에게는 오직 하나의 타고난 관점만

이 있을 뿐이다. 바로 고집 있는 사람의 관점이다. 그에게는 자본주의의 운명도, 사회주의의 운명도 존재하지 않는다. 영국도, 아메리카도 존재하지 않으며, 오로지 고요하고 필연적인 법칙만이 그의 가슴속에 있을 따름이다. 그 법칙을 따르는 것은 안이한 관습에 젖은 사람에겐 무척 곤란한 일일 테지만, 고집 있는 사람에게는 운명이자 신을 의미한다.

(1917)

세계사[*]

어린 시절에 나는 보잘것없는 라틴어 학교를 다녔다. 당시에 나는 '세계사'를 여호와나 모세처럼 무한히 존경스러운 것, 머나먼 것, 숭고한 것, 강력한 것이라 생각했다. 세계사란 과거에 한 차례 현실로 나타났다가 지금은 번개나 천둥처럼 결코 닿을 수 없는 먼 곳으로 사라져 버린 경외할 만하고, 책 속에만 존재하는 것, 요컨대 학생들의 학습 대상일 뿐이었다. 소년 시절에 우리가 배운 역사의 마지막 사건은 70년 전쟁[10]

---

[*] 서정시인으로서 명성을 얻은 삼십 대의 헤세에게 1차 세계 대전은 삶 전체를 뒤흔드는 엄청난 사건이었다. 『데미안』은 시대를 초월한 이야기같이 보이지만, 마지막 장(章)에 이르면 이 소설이 얼마나 시대와 긴밀히 연결되어 있는지 알 수 있다. 대학생이 된 싱클레어는 전쟁 발발 소식에 에바 부인을 중심으로 한, 이른바 '각성한 젊은 지성인'의 일원으로서 전쟁에 참가한다. "나는 작가로서 발전해 오는 동안 단 한 번도 시대의 문제를 회피한 적이 없으며, 정치 비평가들의 말처럼 상아탑에 파묻혀 지낸 적도 없습니다."라고 헤세는 말한 바 있다.

[10] 1870년부터 1871년까지, 프로이센을 중심으로 한 독일 연방과 프랑스 사이에 벌어진 전쟁을 가리키는데, 흔히 '보불 전쟁'이라고 한다. 이 전쟁에서 승리를 거둔 프로이센은, 오스트리아를 제외한 독일 연방 내의 모든 영주국을 통합해

이었는데, 그것은 참으로 놀랍고 흥미로운 일이었다. 그 당시 우리 아버지들과 삼촌들이 몸소 참전한 전쟁이었으며, 몇 년 일찍 태어났더라면 우리 역시 겪었을 역사적 사건이었다. 전쟁, 영웅 정신, 휘날리는 깃발, 말을 탄 지휘관, 새로 선출된 황제, 기마 공격…… 그런 것들은 정말 멋지게 보였다. 우리는 그 전쟁에서 기적과 영웅적 행동이 있었음을 굳게 믿었고, 성스러운 마음으로 그 모든 것을 확인했다. 그것은 실로 엄청난 일, 세계사적 사건으로, 어제오늘같이 아무 때나 일어나는 사건이 아니었다. 남자든 여자든 모든 이들이 여태껏 단 한 번도 들어 본 적 없는 일을 해냈고, 마찬가지로 듣도 보도 못한 일을 견뎌 냈다. 그때의 경험에 감동해서 온 국민이 울고 웃었고, 거리에서는 낯선 사람들끼리 서로 얼싸안았으며, 그 당시에 용기나 희생은 자연스러운 일이었다. 아, 그런 일을 한번 경험해 볼 수 있다면 얼마나 좋을까! 물론, 내가 아는 사람들 모두가 영웅은 아니었고, 우리에게 그 시절의 이야기를 들려주던 교사들도 영웅은 아니었다. 그 영웅적인 전쟁을 실제로 경험한 아버지나 삼촌들 역시 마찬가지였다. 하지만 뭔가가 있음은 확실했다. 삽화를 곁들여 전쟁을 이야기해 주는 두꺼운 책들이 인쇄되었고, 집집이 벽에는 비스마르크의 초상화가 내걸렸으며, 매해 날씨 좋은 가을날이면 제당 축제[11]가 열

독일 제국을 건국했다. 이때, 빌헬름 1세가 황제 자리에 올랐고, 그 뒤로 19년간 비스마르크가 총리로서 통치하게 된다. 보불 전쟁 이후, 독일의 자긍심은 무척 고양되었는데, 이 시기에 싹튼 그릇된 애국심과 민족주의가 1차 세계 대전의 씨앗이 되었다는 주장도 있다.

11 독일어로는 제당(Sedan)이라 읽지만, 현재 프랑스 영토에 속한 지역으로 스당이라 표기한다. 프로이센은 이 지역에서 프랑스의 황제 나폴레옹 3세를 포로

렸다.

열다섯 살 무렵에야 이런 것들이 빛을 잃게 되었다. 나는 세계사의 위대함을 의심하기 시작했고, 과거 시대의 사람들이나 국민들이 오늘날과 다르다는 점도, 또 그들이 오페라나 영웅 드라마 속의 이야기 같은 비범한 삶을 살았다는 점 역시 믿지 않게 되었다. 그리고 나는 교사들이 가능한 한 우리를 괴롭히고 억누르며 자신들도 가지지 못한 미덕을 우리에게 강요하고 있음을, 그리고 그들이 우리에게 들려준 세계사는 요즘 시대의 우리를 깎아내리고 초라하게 만들기 위한 거짓말이었음을 깨닫게 되었다.

소년 시절, 내가 세계사에 대해 이상하고 불경스러운 생각을 품을 수 있었던 데에는 그 나름의 이유가 있다. 젊은이들은 비판과 거부보다 감정과 이상에 기대어 산다. 그 당시 내 마음속에는, 그 이후에도 나를 떠나지 않은 어떤 생각으로 가득했는데, 바로 외부의 목소리를 믿지 않는 것, 그 목소리가 공인(公認)된 것일수록 더욱 신뢰하지 않는 마음가짐이었다. 그리고 나는 우리를 충만하게 하고, 사로잡으며, 숨 멎게 할 만큼 진정 흥미롭고 가치 있는 것은 원래 우리 밖에 있지 않고 우리 내부에 있다고 생각하게 되었다. 그런 것을 의식했다기보다는 느끼기 시작했다. 그래서 나는 철학책을 읽었고, 자유로운 영혼이 되어 좋아하는 작가들에게 빠져들었다. 그것이 나의 길이고, 그 길 외에는 굳이 나아갈 필요가 없으며, 나머지는 다 나하고 관계없는 길이라는 막연한 느낌을 가지고 발걸음을 내딛었다. 기독교인들이 '명상'이라 부르고, 정신 분

로 잡으며, 전쟁의 승기를 잡는다.

석가들은 '성찰'이라 부르는 일이 내게 일어났다. 그런 식으로 존재하고 살아가는 것이 더 나은 길인지는 알 수 없다. 하지만 종교인이나 작가에게 이 길은 필연적이며, 그들이 아무리 원하고 애써 배우려 해도, 요즘의 도식적인 현자들이 흔히 이야기하는 '시대적 관점'을 결코 터득할 수 없다.

여러 해 동안 나는 세상 돌아가는 일에 관여하지 않았고, 세상 또한 나를 간섭하지 않았다. 세상 사람들이 중요하게 받아들이고, 연설이나 신문 사설에서 중대하게 다루는 주제가 내게는 그저 구경거리나 쓸데없는 일이었다. 내가 하는 일, 내가 참으로 귀하게 여기는 일은, 세상 사람들이 보기에 괴팍한 일, 장난일 뿐이었다. 그런 식으로 계속되었더라면 좋았을 것이다. 그런데 갑자기 세계사가 다시 등장했다. 논설위원들, 교수들, 교사들이 이제 역사가 다시 시작되었다고, 평범한 일상은 더 이상 존재하지 않으며, 곧 '위대한 시대'가 도래하리라고 소리쳤다. 어깨를 한번 으쓱하고 상황을 무시했던 우리 작가들이나 아웃사이더들, 통치자의 광신적 무모함과 끔찍한 무분별을 경고했던 종교인들은 이제 가벼이 웃어넘길 수 없는, 사회에 유해한 글쟁이가 되어 버렸다. 급기야 우리 모두는 조국의 적, 패배주의자, 트집쟁이라는, 멋들어진 새 이름으로 불리게 되었다. 우리는 고발당하고 블랙리스트에 올랐으며, 이른바 양심적인 신문 지면은 (우리를 겨냥한) 비방 기사로 들끓었다. 개인 생활 역시 상황이 다르지 않았다. 1915년 봄, 나는 어느 친구에게, 상황에 따라서는 우리(독일)가 알자스 지방[12]을 프랑스에 돌려주어도 괜찮지 않겠느냐고 이야기한 적

---

12 보불 전쟁의 승리로, 독일은 프랑스에서 알자스 지방을 빼앗은 바 있다.

이 있었다. 그러자 그 친구는, 그런 발언을 개인적으로는 이해할 수 있지만, 남들 앞에서 그런 소리를 했다가는 나더러 뼈도 못 추릴 것이라고 경고했다.

사람들은 연신 '위대한 시대'를 이야기했지만, 나는 결코 위대한 시대를 보지 못했다. 물론, 다른 사람들이 왜 그 시대를 위대하게 느끼는지는 이해할 수 있었다. 왜냐하면, 그 시대를 통해 이제야 수천의 사람들이 자기 인생에서 한 줄기 빛을 보았고, 영혼의 찬란한 광휘를 느꼈기 때문이다. 지난날, 개한테 먹이나 주던 나이 든 여성들은 이제 전쟁 부상자들을 돌보는 사명을 얻었고, 방황하던 젊은이들 역시 자기 목숨을 내놓음으로써 마침내 삶이 무엇인지 뜨겁게 느낄 수 있었다. 그것은 결코 하찮은 사건이 아니다. 위대하고 엄청난 일이다. 그러나 그것은, 이른바 시대적 관점으로 새롭고 위대한 시대를 상상하는 사람들한테나 그러할 따름이다. 그 밖의 다른 사람들, 평일에도 신을 믿고 무엇보다 영혼의 존재를 믿는 우리 종교인들이나 작가들에게는, 어떤 시대가 더 위대하거나 덜 위대할 수 없다. 왜냐하면, 우리는 시대 속이 아니라 우리 내부, 그 심오한 내면과 더불어 살기 때문이다.

우리 눈앞에 다시 세계사가 등장하고, 위대한 오페라가 또다시 세상에 울려 퍼지는 지금 이 시대에도 그 점은 변함없다. 우리들이 바라던 많은 일들이 실제로 일어났다. 악마라고 부르던 권력이 무너졌고, 위험하고 나쁜 까닭에 증오하며 반대했던 정치인들도 무대에서 물러났다.

하지만 우리는 이러한 사건들에 빠져든 채로, 이른바 새롭고 '위대한 시대'와 함께 어울릴 수 없다. 우리는 땅이 흔들리고 있음을 느낀다. 희생자들의 고통과 가난, 굶주림을 함께 나누고 있다. 그런데 이런 고통 속에서는, 붉은 깃발 아래에 서든 새로운 공화국과 국민들의 혈관 안에서든, 진정으로 '위대한' 것을 그 어디에서도 찾아볼 수 없다. 우리는 역사에 진정한 혼을 불어넣는 것, 신성의 빛으로 나타나는 것만을 인정하며, 오직 그것과 더불어 살아갈 수 있다. 우리의 적인 황제도, 만약 고귀하고 품위 있게 물러난다면 우리 모두는 깊은 연민을 가질 것이다. 그리고 조국과 황제에 대한 맹목적이고 광신적인 충성심으로 목숨을 바친 젊은 군인들이, 그들을 바보라고 매도하는 영악한 민주주의 웅변가보다 훨씬 사랑스럽고 소중하다. 민주주의냐 왕정이냐, 연방국이냐 국가 연합이냐, 하는 문제는 중요하지 않다. '무엇'이 아니라 '어떻게'라는 문제가 더 중요한 까닭이다. 영주나 제단(祭壇)을 대하듯이, 마찬가지로 비굴하게 새로운 정부에 머리를 조아리는 모든 교수들보다 실성해서 온갖 일을 저지르는 미치광이가 더 낫다. 우리는 '모든 가치의 전도(顚倒)'를 외치는 사람들이지만, 그런 일은 우리들 가슴속에서 일어나야 한다.

우리의 비역사적, 비정치적 사고방식을 '지식인'의 무관심이라고 지적하는 목소리도 있다. 우리를 향해, 무엇이든 글로 남기고 전쟁과 혁명, 삶과 죽음을 말로만 떠드는 사람들이라고 비난한다. 물론, 그런 사람들도 있다. 하지만 우리는 그런 사람들이 아니다. 우리는 신념 없는 사람들이 아니다. 그러나 '선'과 '악', 좌익과 우익으로 나뉘는 종류의 신념은 아니다. 이 세상에는 두 종류의 사람들이 있는데, 하나는 오직 자기 신념대로 살고자 하는 사람이고, 다른 하나는 자기 신념을 호주머니 속에 넣어 둔 채 살아가는 사람이다. 우리는, 상황의 변화를 받아들이지 못하고 마치 중세의 기사처럼 황제의 동상 앞에 무릎 꿇는 사람들을, 결코 본받을 만하다고 생각하지 않는다. 그들을 사랑하고 이해는 한다. 그럼에도 어제까진 구시대적인 애국주의를 부르짖다가, 오늘에 와선 돌연 혁명의 구호를 외치는, 이른바 똑똑한 사람들을 우리는 경멸한다.

지금 얼마나 엄청난 일이 일어나고 있는지, 또 얼마나 많은 사람들이 다시금 열광적으로 희생과 희망을 가슴속에 품고 있는지 감히 헤아릴 수 없다. 얼마나 굉장한 일이 벌어질지 짐작조차 할 수 없다. 우리 같은 별종, 사막의 설교자들은 결코 세상 바깥에 있지 않다. 요컨대 우리는 세상이 어떻게 되든 상관하지 않는 사람들이 아니다. 우리가 남들보다 더 고상하다고 여기지도 않는다. 우리가 '위대'하다고 생각하는 것은, 오직 인간의 내면에서 일어나는 일뿐이다. 황제에 대한 신념을 갑자기 민주주의에 대한 신념으로 교체하는 것은, 우리가 보기엔 그저 깃발만을 바꿔 드는 데에 불과하다. 그러한 변화가 많은 사람들에게 부디 그 이상의 진전이기를 바란다.

서부 전선에서 이뤄진 휴전을 계기로 비로소 사 년에 걸친 전쟁이 끝났음에도, 어디에서든 축하받지 못하고 있다. 이쪽에서는 전제 정치의 몰락을, 저쪽에서는 전승(戰勝)을 만끽하고 있을 뿐이다. 사 년 동안의 끔찍한 세월을 겪은 뒤, 어느새 그 누구도 무의미한 총질이 끝났다는 사실에 감동하지 않는다. 이상한 세상이다. 얼마나 또 사소한 일로 유리창과 인간의 두개골을 깨부수는 일이 앞으로 되풀이될 것인가.

(1918)

전쟁과 평화[*]

전쟁이란 인간의 원초적이며 자연스러운 본능이라고 하는데, 확실히 맞는 말이다. 인간이 동물인 이상, 인간은 투쟁하며 살고, 다른 사람들의 희생으로 살며, 타인들을 두려워하고 증오한다. 삶은 곧 전쟁이다.

'평화'가 무엇인지 정의하기는 훨씬 어렵다. 평화는 태초의 낙원 같은 상태도, 통제된 공동체 안에서 맺어진 협약의 형태도 아니다. 평화란 우리가 구체적으로 알지 못해 단지 추측할 수 있을 뿐, 여전히 탐구하고 예감하는 대상이다. 평화는 이상(理想)이다. 평화는 이루 말할 수 없이 복잡하고 불안정하며, 위협에 쉽게 노출된다. 단 한 번의 입김에 파괴될 수도 있

---

[*] 헤세는 1차 세계 대전을 유럽의 몰락, 구질서의 붕괴이자 새로운 시작의 출발점으로 보았다. 『데미안』의 마지막 장에서, 세상의 부름을 받고 전장에 나간 싱클레어는 부상을 당해 야전 병원으로 이송되어 온, 일생의 멘토 데미안을 만난다. 꿈인지 생시인지 알 수 없는 이 만남에서 데미안은 싱클레어가 성숙, 헤세가 말하는 '자기 구현의 길'을 찾았음을 신인한다. 평시 헤세가 발견한 구원의 길은, 이른바 '내면으로의 길(Weg nach Innen)'이다.

다. 진정한 평화는 윤리적인, 혹은 지적인 성과물보다도 만들어 내기가 더 어렵다. 서로 의지하며 살아가야 하는 두 사람 사이에서도 그렇기는 마찬가지다.

하지만 평화는 이미 오래전부터 사상이자 희망, 목표, 이상으로서 존재해 왔다. '살인하지 말라.'라는 말은 이미 수천 년 전부터 우리 삶의 토대를 이루는, 하나의 강력한 계명으로 자리 잡고 있다. 인간이 인간이라고 불리는 가장 커다란 이유는 바로 이 계명, 이 엄청난 명령을 따르는 능력 때문이다. 이 점이 인간과 동물을 구분 짓고, 인간을 '자연 상태'로부터 분리시킨다.

이 강력한 계명을 통해 우리는, 인간이 결코 동물이 아니며, 이미 확정되거나 완성된, 일회적이거나 단순한 존재가 아니라는 사실 또한 깨닫게 된다. 인간이란 오히려 과정 중에 있는 존재, 일종의 시도, 예감, 미래, 설계며, 새로운 형태와 가능성에 대한 동경이라 말할 수 있다.

'살인하지 말라.'라는 계명이 처음 등장한 시대에, 이것은 엄청난 요구였다. 마치 '숨 쉬지 말라.'라는 명령과 마찬가지였을 터다. 당시에 그런 명령을 따르는 일은 거의 불가능했으며, 틀림없이 미친 짓이거나 스스로를 파멸시키는 행위로 여겨졌을 것이다. 하지만 수 세기를 지나는 동안 이 계명은 살아남았고, 오늘날에도 여전히 유효하다. 그뿐 아니라 이 계명은 법률과 철학, 도덕률을 탄생시키고 열매 맺게 했으며, 그 어떤 계명보다 더 인간의 삶을 근본적으로 변화시켰다.

'살인하지 말라.'라는 계명은, 교훈적 '이타주의'라는 경직된 요구와는 거리가 멀다. 이타주의는 자연스럽지 않다. '살인하지 말라.'라는 말은, 다른 사람들을 괴롭히지 말라는 뜻이 아니라, 자기 내면의 타자를 약탈하지 말라, 즉 자신을 해치지 말라는 뜻이다. 여기서 타자란, 낯선 사람이나 멀리 떨어져 있거나 독자적인 존재를 의미하지 않는다. 세상에 있는 모든 것, 수천의 '타자'가 존재하는 까닭은 내가 그들을 보고 느끼며, 그들과 관계 맺고 있기에 그러하다. 나의 삶은 나와 세상, 나와 타자들 사이의 관계로 이루어져 있다.

그 점을 인식하고, 그것을 예감하며, 그 복잡한 진리를 찾아 나아간 여정이야말로 지금껏 인류가 걸어온 길이었다. 그동안 발전도 있고, 퇴보도 있었다. 훌륭한 사상이 나타나는 한편, 그 사상으로 다시 양심에 어긋나는 일을 계획하거나 인류에게 해로운 법칙을 만들어 낸 경우도 있었다. 신의 계시를 이성으로 이해할 수 있다거나 다른 물질을 금을 변화시킬 수 있다는, 기이한 주장들도 있었다. 이런 주장이 얼마나 어리석은지, 오늘날의 대다수 사람들은 잘 알고 있다. 그런데 어쩌면 그런 주장이야말로 여태껏 인류가 쌓아 올린 인식의 정점인지도 모른다. 순수한 신비주의나 '살인하지 말라.'라는 계명의 마지막 완성이라 할 수 있는 연금술의 도정(道程)에서 우리는 미소 띤 채, 우월감에 젖어, 폭약과 독극물을 생산해 내는 과학 기술마저 창조했다. 발전이 어디에 있는가? 퇴보는 또 어디에 있는가? 발전도, 퇴보도 없다.

최근의 세계 대전은 두 가지 얼굴을 가지고 있다. 때로는 발전인 듯, 때로는 퇴보인 듯 보인다. 엄청난 규모의 살상과 그것을 가능하게 한 잔인한 기술은 인류의 발전을 비웃는 퇴보, 혹은 그간의 발전과 통찰을 이룩해 낸 인류의 모든 노력에 대한 조롱으로 보인다. 그러나 전쟁이 가져다준 수많은 새로운 욕구와 인식, 분투를 보노라면 거의 발전처럼 보이기도 한다. 어느 언론인은 발전같이 보이는 이 모든 것들이 실상 '내면화의 쓰레기'일 뿐이라고 속단한 바 있다. 하지만 완전히 착각한 것은 아닐까? 그가 이 시대의 가장 생명력 넘치는 것, 가장 순수한 것, 가장 본질적인 것 그리고 가장 내적인 것을 거친 말로 비난한 것은 아닐까?

전쟁이 이어지는 동안, 이 사건이 엄청난 규모의 끔찍한 메커니즘으로 다음 세대에게 중요한 교훈을 전해 주리라고 잘못 예견한 주장도 있었다. 그러나 겁을 주는 것은 제대로 된 교육 방법이 아니다. 그런 식으로 해서는, 살인에 재미를 느끼는 사람이 전쟁을 싫어하게 되지는 않을 것이다. 전쟁이 초래한 물질적 피해를 깨닫게 하는 것 역시 도움이 되지 않는다. 인간의 행위 중에 합리적인 사고를 따르는 것은 100분의 1도 안 되기 때문이다. 우리는 종종 어떤 일이 무의미하다는 사실을 알면서도 정신없이 그것에 매진한다. 열정적인 사람들은 모두 그렇다.

그런고로 나는 여러 친구들이나 적들이 이야기하는 것 같은, 그런 평화주의자가 아니다. 나는 화학자 모임에서 현자의 돌을 만들어 내리라고 믿지 않는 것과 마찬가지로, 합리적이고 이성적인 방법, 즉 설교나 조직화, 선전으로 세계 평화가 이루어지리라고 믿지 않는다.

지상에서 어떻게 진정으로 평화를 사랑할 수 있을까? 아마 계명이나 실제의 경험을 통해서는 아닐 터다. 인간이 이룩한 모든 발전이 그렇듯이, 평화는 인식을 통해 얻을 수 있다. 우리가 인식을 학문적인 도구가 아니라, 삶과 관련한 뭔가라고 이해한다면, 모든 인식의 대상은 하나뿐이다. 수천 명이 수천 번 인정하고, 수천 가지 다양한 방식으로 표현하더라도 그것은 항상 하나다. 즉 우리 안에, 우리들 각자의 내면에, 나와 너의 가슴속에 있는 생명에 대한 인식, 그 비밀스러운 마법에 대한 인식, 우리 저마다가 내부에 가지고 있는 비밀스러운 신성(神性)에 대한 인식, 바로 그것이다. 모든 대립 쌍을 우리 내면의 가장 깊은 곳에서 폐기하고, 흰색을 검은색으로, 악을 선으로, 밤을 낮으로 바꿀 수 있다는 가능성을 인식해야 한다. 이것을 인도인은 '아트만'이라 하고, 중국인은 '도(道)'라고 하며, 기독교인은 '은총'이라고 부른다.

이러한 최고의 깨달음에 다다르면, (예수, 부처, 플라톤, 노자처럼) 한계를 뛰어넘어 기적이 일어난다. 그 순간, 전쟁과 적대감도 멈춘다. 신약 성경과 석가모니의 설법에서 그러한 예를 찾아볼 수 있다. 이 같은 체험을 '내면화의 쓰레기'라고 부르며 비웃어도 좋다. 그러나 이것을 체험한 사람에게 적은 형제로, 죽음은 탄생으로, 치욕은 영예로, 불행은 운명으로 변화하게 된다. 지상에 있는 모든 사물은 이중성을 가지고 있으므로, 한 번은 '이 세상의 것'으로, 또 한 번은 '이 세상 바깥의 것'으로 나타난다. '이 세상의 것'은 또한 '이 세상 바깥의 것'이기도 하다. 우리 외부에 있는 모든 것은 적, 위험, 두려움, 죽음일 수 있다. 모든 '외부의 것'은 우리의 인지 대상일 뿐 아니라 우리 영혼의 창조물이다. 이 경험으로 자아의 세계 역시 변화하며, 외부의 것은 내부의 것으로, 어둠은 낮으로 바뀌게 된다.

나는 자명한 것에 대해 이야기했다. 하지만 전쟁터에서 죽어 간 모든 병사들이 인류에게 끊임없이 반복되는 오류인 것처럼, 진리 또한 수천 가지 형태로 영원히, 계속 반복되지 않으면 안 된다.

(1918)

차라투스트라의 귀환*
— 어느 독일인이 독일의 젊은이에게 건네는 말

　예전에는 독일의 정신, 독일의 용기, 독일의 남자다움이라는 것이 있었는데, 이것은 떼거리가 외치는 소음, 군중의 열광 속에만 있지 않았다. 위대한 독일의 정신을 역사상 마지막으로 보여 준 사람은 니체[13]였다. 니체는 유령 회사가 들끓고[14]

---

* 이 글은 에밀 싱클레어라는 가명으로 발표되다가, 1920년부터 헤세 자신의 이름으로 발표되었다. 1차 세계 대전의 패망으로 절망에 빠진 독일 젊은이들에게 건네는 글이다. 1918년 11월 3일, 북독일의 항구 도시 킬에서 수병들이 반란을 일으켰다. '11월 혁명'이라고도 불리는 이 사건은 해군 지도부가 실패할 수밖에 없는 공격 명령을 내리자 수병들이 항명한 것으로, 1차 세계 대전을 서둘러 패전으로 마감하고, 바이마르 공화국을 탄생시키는 계기가 되었다. 하지만 이후에도 정국의 혼란은 계속되어, 1919년 초에는 스파르타쿠스(Spartakus)라는 이름의 독일 공산당이 무장봉기를 시도하기에 이른다.
13 헤세가 니체를 처음 접한 때는 이십 대 시절이고, 『데미안』은 헤세의 작품 중에서도 니체의 영향이 강하게 나타난다고 평가받는다. 또 헤세는 『유리알 유희』에서 니체를 라틴어 프리츠 테굴라리우스(Fritz Teglularius)라는 이름으로 바꿔, 유희의 명인으로 등장시키기도 했다. 이 글에서 차라투스트라는 거의 니체로 읽힌다.
14 보불 전쟁 이후의 호황을 말한다.

군중 심리가 압도적인 영향력을 끼치던 그 시대에 반(反)애국주의자, 반(反)독일인이 되었다. 이 외침을 통해, 나는 니체의 용기와 외로움에 대해 이야기하려고 한다. 탐욕스럽고 짐승 같은, 이른바 '위대한 시대'에 나의 이 외침은, 거칠고 엄살 심한 고함보다 조금도 나을 것 없는 군중의 울음 섞인 절규를 대신해, 독일의 의식 있는 젊은이에게 몇 가지 간단하고 확고한 진실 그리고 영혼의 기억을 일깨워 줄 터다. 우리는 국가와 국민을 위한 일이라면 누구나 필요와 양심에 따라 행동한다. 하지만 그 과정에서 자기 자신이나 스스로의 영혼을 희생해야 한다면 그 행동엔 아무 의미도 없을 것이다. 패전하여 비참해진 독일인 가운데 오직 소수의 사람들만이 비로소 탄식과 비방이 얼마나 비생산적인 일인지를 깨닫기 시작했고, 앞으로 다가올 미래를 위해 스스로 능력을 키우며 의연하게 대처하고자 노력하고 있다. 그들은, 우리 독일인들이 오랫동안 지켜 온 독일 정신이 몰락하고 있음을 이미 전쟁 전부터 예감했다. 그럼에도 우리는 뒤에서, 요컨대 정부 형태나 통치 방식을 바꾸는 일에서 출발하면 안 된다. 우리의 미래를 보장해 줄 정신과 인물을 가지고자 한다면 오히려 앞에서, 곧 인성(人性)을 함양하는 일부터 시작해야 한다. 바로 이것이 내가 이 글에서 주장하려는 바다.

처음에 스위스에서 익명으로 출간된 이 글은, 그 뒤로도 이름을 밝히지 않은 채 여러 판(版)이 인쇄되었다. 그 이유는, 이미 알려진 내 이름이 청년들한테 불신감을 줄지도 몰랐기 때문이다.[15] 나는 이 글이 선입견 없이 읽히기를 바랐으므로

---

15 이와 같은 이유에서 『데미안』 역시 처음에는 '에밀 싱클레어'라는 이름으로 발

익명을 유지했고, 이제 더는 그럴 필요가 없다.[16]

신조

 우리의 과제로 입증될 때까지 이름조차 없던 것, 그동안 조심스레 감춰 온 우악스러운 것, 즉 우리 안의 폭군은 회피하거나 도주하려 하는 모든 시도에 끔찍한 복수를 한다. 섣부른 만족에, 우리와 다른 것을 우리와 동일시하는 일에, 아무리 존경스러운 행위라도 우리의 주안점을 외면하는 행동에, 그리고 근원적인 책임감이 우리의 미덕(美德)을 어떤 어려움으로부터 보호하려 할 때, 곧장 복수의 손길이 엄습한다. 또 우리가 과업에 대한 권리를 의심하려 들 때, 그리고 어떻게든 그것을 축소하려 할 때, 그 대가는 항상 질병이다. 신기하면서도 두려운 일이다. 그것을 사소하게 여기려 할수록 우리는 혹독한 대가를 치러야 한다. 그리고 그 뒤에 다시 건강을 회복하고자 할 때, 우리에게는 다른 선택의 여지가 남아 있지 않다. 우리는 과거의 그 어느 때보다 더 무거운 짐을 짊어져야만 한다.[17]

프리드리히 니체

표되었다.

16 이 글이 헤르만 헤세라는 본명으로 처음 출간된 것은, 1920년 판본의 서문에서다.

17 이 글의 출처는 원본에 제시되어 있지 않지만 확인해 본 결과, 다음과 같다. Friedrich Nietzsche, *Wie ich von Wagner loskam*(내가 어떻게 바그너에게서 벗어났는지), Werke in 3 Bänden, München 1954, Band 2.

수도에서 사는 젊은이들 사이에 차라투스트라[18]가 다시 나타났고, 거리와 광장 여기저기서 그를 보았다는 소문이 나돌자, 몇몇 젊은이들은 몸소 그를 찾아 나섰다. 그들은 전쟁터에서 돌아와, 파괴되고 변해 버린 고향에서 숙식조차 여의찮아 늘 걱정에 잠겨 있던 젊은이들이었다. 엄청난 일들이 일어났지만 그것이 어떤 결과를 불러올지는 당최 짐작할 수 없었고, 마침 모든 일이 무의미하게 느껴졌으므로 길을 나선 것이었다. 젊은이들은 어렸을 적에 차라투스트라를 지도자, 예언자로 생각했다. 그 당시에 그들은 낮엔 산과 들을 헤매고, 밤엔 등불을 밝히고 차라투스트라에 관한 책을 읽으면서 열정적으로 서로 고민하고 이야기를 나누었다. 누구나 자신과 자기 운명을 처음 깨닫게 해 준 목소리를 신성하게 여기듯이, 그들에게 차라투스트라는 그만큼 성스러운 존재였다.

젊은이들이 차라투스트라를 발견했을 때, 그는 군중이 꽉 들어찬 큰길의 어느 담벼락에 등을 기대고 서 있었다. 어떤 정치가가 마차 위에 앉아 아래를 내려다보며 밀려드는 군중을 향해 연설하고 있었다. 차라투스트라는 그 연설에 귀를 기울였다. 그는 정치가의 목소리를 들으며 미소를 머금은 채, 수많은 사람들의 얼굴을 쳐다보았다. 마치 늙은 은자(隱者)가 물결치는 바다와 구름 낀 새벽하늘을 바라보고 있는 것 같았다. 차라투스트라의 눈에 비친 군중은, 조바심에 울먹이는 어린아

---

18 니체는 『차라투스트라는 이렇게 말했다』(1883~1885)에서, 내면을 응시하고 운명을 사랑하며, 자신의 의지에 충실하고 고집을 가진 용감한 사람으로서, 때거리가 아닌 개인으로서 살라고 말했다. 「차라투스트라의 귀환」에서 헤세는 이 같은 니체의 어법과 사상을 따르고 있다. 이 글에서 차라투스트라는 니체이자 헤세로 읽힌다.

이들처럼 불안과 두려움에 떨고 있었다. 결의에 찬 사람들이나 절망에 빠진 이들의 눈에는 분노와 열기가 이글거렸다. 차라투스트라는 한동안 군중을 지켜보면서 계속 연설에 귀를 기울였다.

젊은이들은 차라투스트라의 미소 때문에 그를 쉽게 알아보았다. 차라투스트라는 젊어 보이지도, 늙어 보이지도 않았다. 교사나 군인 같지도 않았다. 그는 인간으로 보였다. 마치 태초의 어둠 속에서 태어난 최초의 인간 같았다.

처음에 젊은이들은 그가 정말 차라투스트라인지, 잠시 의심스럽게 살펴보았다. 그러나 그의 미소를 보는 순간, 젊은이들은 그가 차라투스트라임을 확신했다. 차라투스트라의 미소는 밝았지만 온화하지 않았다. 또 순진하지만 결코 관대해 보이지는 않았다. 이를테면 전사(戰士)의 미소였고, 눈물에 약해지지 않는 경험 많은 노인의 미소였다. 젊은이들은 그 미소 때문에 그를 알아보았다.

연설이 끝나고 분노에 찬 군중이 흩어지기 시작하자, 젊은이들은 차라투스트라에게 다가가서 존경심을 표하며 인사를 건넸다.

그들이 말을 더듬으며 입을 열었다. '스승님, 오셨군요. 드디어 돌아오셨네요. 저희가 몹시도 어려운 상황에 처해 있는 이때에 말입니다. 어서 오십시오. 차라투스트라 스승님. 저희가 무엇을 해야 하는지 말씀해 주십시오, 스승님. 당신 말씀을 따르겠습니다. 스승님께서 우리를 이 엄청난 위험으로부터 구해 주시리라 믿습니다.'

차라투스트라가 미소를 지으며 그들에게 따라오라고 일렀다. 그는 걸으면서 자신에게 귀 기울이는 젊은이들에게 말했다. '나는 오늘 아주 기분이 좋아. 그래, 나는 돌아왔어. 하루, 아니면 한 시간이 될지도 모르지만 자네들이 연극을 하는 모습을 보려고 온 거야. 연극을 공연할 때, 그 앞에 서서 구경하는 일은 언제나 즐거운 법이지. 인간은 연극을 할 때 아주 진실해지거든.'

젊은이들은 그의 말에 귀를 쫑긋하고 서로를 쳐다보았다. 그들이 느끼기에 스승의 말에는 냉소와 쾌활함, 무관심이 짙게 배어 있는 듯싶었다. 현재, 민족이 비참한 상황에 빠져 있는데 어떻게 연극을 논할 수 있다는 말인가! 전쟁에 패배해서 모든 것이 파괴되었는데, 어떻게 미소 짓고 즐거워할 수 있겠는가! 거리로 뛰쳐나온 군중, 그들 앞에서 열을 올리며 소리치는 연설가, 그리고 장엄하고 엄숙한 시간 속에 서 있는 젊은이들, 어떻게 이 모든 것들이 단순한 눈요기에 불과할 수 있으며, 관찰과 웃음의 대상이 될 수 있다는 말인가! 지금은 피 흘리며 통곡하고 탄식해야 할 때가 아닌가. 다른 무엇보다도 우선 행동해야 할 때가 아닌가. 행동하고 모범을 보이며, 우리 민족과 나라를 파멸에서 구원해야 할 때가 아닌가!

젊은이들이 입을 열기도 전에, 이미 그들의 생각을 읽은 차라투스트라가 대답했다. '젊은이들이여, 자네들이 불만스러워한다는 사실을 잘 알고 있네. 어느 정도 짐작하긴 했지만, 솔직히 나도 놀랐네. 어떤 것을 기대하면 항상 그 반대의 결과가 나오는 법이지. 우리가 마음 한쪽으로 어떤 것을 기대하면, 다른 한쪽에서는 그 반대의 것을 기대하기 때문이야. 자네들에 대해서도 그렇다네. 친구들이여, 이 차라투스트라하고 이야기를 나누고 싶은가?'

'네, 그렇습니다.' 젊은이들이 갈망하듯 큰 소리로 외쳤다.

차라투스트라가 미소를 지으며 말을 이어 갔다. '자, 그렇다면 여러분, 이 차라투스트라와 이야기를 나누고, 또 내 말을 듣게! 자네들 앞에 서 있는 이 사람은 대중 연설가도, 군인도, 왕도, 장군도 아닐세. 단지 늙은 은둔자, 익살꾼, 마지막 미소와 숱한 슬픔의 발견자일세. 여러분은 나한테서 어떻게 민족을 대하고 패배를 극복할 수 있을지, 그 방법을 배울 수 없네. 이 차라투스트라에겐 그런 일을 할 만한 재주도 없고, 또한 차라투스트라가 걱정할 일도 아닐세.'

젊은이들은 말을 잃었고, 얼굴엔 실망의 그림자가 드리웠다. 그들은 당황스럽고 언짢은 기분으로 차라투스트라의 곁을 천천히 따를 뿐, 한동안 대꾸할 말을 떠올리지 못했다. 마침내 그들 중 제일 어린 젊은이가 입을 열었다. 그가 찬란한 눈빛으로 이야기를 시작하자, 차라투스트라는 제법 만족스러운 듯 그 젊은이를 바라보며 그 목소리에 귀를 기울였다.

'그렇다면 무슨 이야기를 하러 저희들한테 오셨는지, 솔직하게 말씀해 주십시오. 고난에 빠진 우리와 우리 민족을 희롱하러 오신 거라면, 우리들에겐 이렇게 스승님과 산책하며 농지거리를 듣는 것보다 더 급한 일이 많습니다. 스승님, 우리는 모두 젊습니다. 전쟁에 나가 의무를 완수했고, 죽음에 맞서 치열하게 싸웠습니다. 더는 말장난이나 하면서 이렇듯 하릴없이 시간을 보내고 싶지는 않습니다. 우리는 스승님을 존경하고 사랑합니다. 하지만 우리 스스로에 대한 사랑과, 민족에 대한 사랑이 그보다 더 큽니다.'

젊은이의 말을 듣는 순간, 차라투스트라의 얼굴이 밝아졌다. 분노에 찬 젊은이의 눈동자를, 그는 부드럽고 온화하게 바라보았다. 차라투스트라가 활짝 미소 지으며 말했다. '젊은이여, 이 노쇠한 차라투스트라를 받아들이기에 앞서, 일단 스스로의 눈으로 신중하고 조심스럽게 살펴보고, 내 약점까지 찔러본 것은 정말 잘한 일일세. 나를 불신하는 것은 아주 당연한 일이야. 그리고 자네들, 알고 있나, 이 차라투스트라가 기꺼이 듣고자 했던 아주 훌륭한 말을 지금 이 젊은이가 들려주었다는 걸 말일세. 자네는 이 차라투스트라보다 자신을 더 사랑한다고 말했지? 그런 솔직함을 내가 얼마나 좋아하는지 아는가? 이로써 자네는, 이 늙은 물고기를, 미끌미끌해서 도무지 잡기 어려운 이 차라투스트라를 미끼까지 잘 유인한 셈이네. 나는 곧 자네의 낚싯줄에 걸려들 걸세.'

그 순간, 멀리 떨어진 거리에서 총소리와 비명 그리고 전투의 소음이 들려왔다. 조용한 저녁 시간에 어울리지 않는 이상한 소리였다. 젊은이들이 시선과 관심을 마치 어린 토끼처럼 일제히 그쪽으로 돌리자, 차라투스트라는 바로 목소리의 음색을 바꾸었다. 그 목소리는 아주 낯선 곳에서 들려오는 듯했다. 젊은이들이 그를 처음 만났을 때 들었던 목소리와 같은 것이었다. 그 목소리는 사람에게서가 아니라 별이나 신에게서 들려오는 것 같았고, 그들 내면에 신이 자리할 때 가슴속에서 비밀스럽게 울려 퍼지는 소리 같았다.

젊은이들은 귀를 기울였고, 여러 생각과 감정을 품은 채 다시 차라투스트라에게 시선을 돌렸다. 왜냐하면 그의 목소리에서 언젠가 어렸을 때에 들은 적이 있는, 마치 성스러운 산에서 들려오는 것 같은, 어떤 알 수 없는 신의 목소리를 다시 들은 것 같았기 때문이다.

'젊은이들여, 내 말을 듣게.' 그가 엄숙하게 말하면서, 제일 나이 어린 젊은이를 바라보았다. '종소리를 들으려면 양철을 두드려서는 안 되네. 또 피리를 불려면 술 부대에 입을 대서도 안 되고 말이야. 잘 생각해 보게, 자네들이 차라투스트라에 도취했던 어린 시절에 과연 무엇을 배웠는지? 상점이나 골목길, 전쟁터에서 통용되는 진리였나? 당시에 내가 자네들에게 왕에 관해 조언했나? 그때 내가 왕처럼, 시민처럼, 혹은 정치가나 상인처럼 말을 했나? 아닐세. 자네들도 기억할 테지만 나는 차라투스트라답게, 나의 언어로 말했다네. 나는 자네들 앞에 거울로서 나타나는 것이야. 자네들이 나를 보고 스스로 깨달을 수 있도록 말일세. 나한테서 무엇이라도 배운 게 있나? 내가 언어나 실용적인 지식 같은 것을 가르친 적이 있던가? 차라투스트라는 교사가 아닐세. 그에게선 뭔가 답을 얻을 수도, 배울 수도, 위급한 경우에 대처할 수 있는 방법 따위를 구할 수도 없지. 차라투스트라는 인간이며, 바로 나이자 자네일세. 차라투스트라는 자네들이 자신 속에서 찾는 인간, 이를테면 정직하고 유혹당하지 않는 인간이라네. 그런 그가 어떻게 자네들의 유혹자가 될 수 있다는 말인가? 차라투스트라는 많은 것을 보았고, 많은 것을 고민했으며, 많은 어려움을 해결했고 또 많은 고통을 겪었다네. 그가 배운 것은 단 한 가지뿐일세. 바로 자기 자신이 되는 것 말이야. 이 깨달음이야말로 그의 진리이며 긍지일세. 바로 이것이 그에게서 자네들이 배워야 하는 것일세. 그런데 자네들은 용기가 부족해. 내가 차라투스트라가 되는 법을 배웠듯이, 자네들 역시 자기 자신이 되는 법을 배워야 하네. 다른 사람이 되거나 전혀 아무것도 안 되기를 바라서는 안 되네. 다른 이의 목소리를 흉내 내거나 낯선 얼굴을 뒤집어쓰려는 시도 따윈 하지 말게. 차라투스트라의 이야기를 들을 때도 그의 말에서 진리나 요령, 처방이나 사람을 홀리는 기술 같은 걸 구하려 하지 말게. 자기 자신을 찾도록 노력하게나. 돌을 보면 강함을 배울 수 있고, 새한테서는 노래를 배울 수 있지. 하지만 나에게서 배울 수 있는 것이란 오직 인간, 그리고 운명에 관한 것뿐이라네.'

그들은 이야기를 나누다가 어느덧 도시의 끝자락에 이르렀다. 그들은 숲으로 들어가, 저녁의 고요함 속에서 살랑대는 나무 아래에 모여 대화를 이어 갔다. 젊은이들은 차라투스트라에게 여러 가지 질문을 건넸고, 이따금 함께 웃거나 그에게 실망하기도 했다. 차라투스트라가 그날 저녁에 들려준 이야기를, 그중 한 젊은이가 친구들을 위해 적어 두었다.

차라투스트라와 그가 남긴 말을 회상하며, 그는 이렇게 기록해 두었다.

운명에 관하여

차라투스트라가 우리에게 이렇게 말했다.

인간에게는 그 자신을 신으로 만들고, 그 스스로 신이라는 점을 깨닫게 하는 것이 하나 있다. 그것은 운명을 인식하는 일이다.

내가 차라투스트라의 운명을 인식했기에 나는 차라투스트라이다. 그리고 내가 차라투스트라의 삶을 살았기 때문에 나는 차라투스트라이다. 자신의 운명을 인식하는 사람은 소수이다. 소수의 사람들만이 자신의 삶을 산다. 너희는 자신의 삶을 사는 법을 배워라. 너희의 운명을 인식하는 일을 배워라.

너희들은 민족의 운명에 대해 너무 많이 탄식한다. 하지만 너희가 탄식하는 그 운명은 너희의 운명이 아니며, 너희에게 낯설고 적대적인 것이다. 그것은 낯선 신이자 못된 우상으로, 어둠 속에서 독화살을 쏘듯 너희에게 운명을 던진다.

운명이 우상에서 비롯하지 않음을 배워라. 그러면 너희는 이 세상에 어떠한 우상도, 신도 존재하지 않는다는 사실을 알게 될 것이다. 운명은 어머니의 몸속에서 아이가 자라나듯이, 모든 인간의 몸속에서 자란다. 또 원한다면 각자의 정신이나 영혼 속에서 자라나기도 한다. 그것은 마찬가지다.

어머니가 뱃속의 아이와 한 몸이고, 그 아이를 사랑하며 무엇보다 귀하게 여기듯이, 너희는 자기 운명을 사랑하는 법을 배워야 하고, 너희의 운명보다 더 귀한 것은 이 세상에 없다는 사실을 깨달아야 한다. 운명이 너희의 신이어야 한다. 너희 스스로가 너희의 신인 까닭이다.

외부로부터 운명을 받아들이는 사람은 그 운명에 쓰러지고 만다. 하지만 누군가의 운명이 그의 내부에서, 그의 내면에서 온다면 운명은 그를 강하게 하고 그를 신으로 만들어 준다. 운명은 차라투스트라를 차라투스트라로 만들었다. 운명은 너희를 너 자신으로 만들 것이다.

운명을 인식한 사람은 결코 운명을 바꾸려 하지 않는다. 운명을 바꾸려 하는 것은 누군가의 머리채를 잡고 죽도록 싸우듯이 유치한 짓일 뿐이다. 너희 황제나 장군들의 행동과 노력은 운명을 바꾸는 일이었고, 너희 또한 그러했다. 하지만 너희는 운명을 바꿀 수 없었고, 그것은 독처럼 쓰디쓴 경험이었다. 너희가 운명을 바꾸려 하지 않고 그것을 너희의 자손으로, 너희의 마음으로, 온전히 너희 것으로 삼았더라면 얼마나 달콤했을까. 운명을 낯선 것으로 느끼고 견뎌야 한다면 그것은 엄청난 고통이고 독이자 죽음일 것이다. 지상의 모든 행동, 모든 선, 기쁨, 생산적인 것은 운명을 체험한 결과며, 운명을 자신의 것으로 만든 결실이다.

기나긴 전쟁 이전에 너희는 너무 부유했다. 오, 친구들이여, 너희, 너희와 너희 아버지들은 너무 부유했고 너무 비대했으며 너무 배불러 있었다. 기름진 뱃속에서 고통을 느꼈을 때, 너희는 그 고통 가운데서 운명을 인식하고 운명의 선한 음성을 들어야 했다. 그러나 너희 철부지들은 뱃속의 고통에 분노했고, 그런 고통이 굶주림과 결핍 탓이라는 궤변을 만들어 냈다. 그리하여 정복을 위해, 이 지상에서 더 많은 땅을 소유하고 뱃속에 더 많은 음식을 채우기 위해 전쟁을 시작했다. 끝내 바라던 바를 얻지 못하고 귀향한 이제, 너희는 또다시 비난의 언성을 높이고, 온갖 슬픔과 고통을 느끼며, 그것을 야기한 증오스러운 적을 찾아 헤매면서, 심지어 그 적이 너희 형제라도 기꺼이 쏘아 죽일 태세다.

사랑하는 벗들이여, 이제 차분히 생각해 봐야 하지 않겠는가? 이번에는 너희가 고통을 더 많은 경외심으로, 더 많은 지식욕으로, 더 많은 의연함으로, 두려움 없이, 철부지처럼 비명을 질러 대지 말고, 고통을 가라앉혀야 하지 않겠는가? 쓰디쓴 고통이야말로 운명의 목소리가 아닐까? 너희가 그 목소리를 이해할 때, 비로소 고통마저 달콤해지지 않을까? 그렇게 할 수 없는가?

민족과 국가에 닥친 쓰라린 고통과 운명에 대해, 너희가 계속 목청껏 한탄하는 소리가 들려온다. 젊은 벗들이여, 내가 그 고통을 의심하고, 그것을 쉽게 믿지 못하며, 별로 탐탁해하지 않음을 용서해 주기 바란다. 너와 너, 그리고 저기 있는 너, 너희 모두는 과연 민족을 위해 괴로워하고 있는가? 정녕 조국을 위해 고민하고 있는가? 그런데 조국은 어디에 있는가? 조국의 머리는 어디 있고, 심장은 또 어디 있는가? 너희는 이제 어디서부터 조국을 치유하고 돌보는 일을 시작하려 하는가? 무어라고? 어제까지 너희가 걱정하고 자랑하고 신성시해 온 것은 황제였고, 세계 제국이었다. 그 모든 것은 지금 어디로 갔는가? 고통의 근원은 황제가 아니다. 이제 더는 황제도 존재하지 않는데, 여전히 고통에 시달리고 그토록 심각하게 아프다는 말인가? 육군이나 함대 역시 고통의 근원이 아니다. 이러저러한 주(州)와 노획품도 마찬가지다. 그 점을 지금 너희도 알고 있다. 그런데 왜 너희는 아직도 고통을 느낄 때, 조국이니 민족이니, 또는 그 비슷한 위대하고 경이로운 것을 언급하는가? 그런 것들에 관해 말하기는 쉽다. 하지만 그런 것은 쉽게 사라져 버린다. 민족이란 대체 누구를 말하는 것인가? 연설가인가, 아니면 그에게 귀를 기울이는 사람들인가? 그의 주장에 찬성하는 사람들인가? 너희는 저 충성을 듣고 있는가? 국민, 너희의 국민은 어디에 있는가? 어느 쪽에 있는가? 방아쇠를 당기는 쪽인가, 아니면 총부리에 맞서는 쪽인가? 공격하는 쪽인가, 공격당하는 쪽인가?

보아라, 항상 큰소리를 치더라도 서로 이해하기란, 심지어 자기 자신을 완전히 이해하기란 어려운 일이다. 너희, 너와 저기 있는 네가 고통을 느낄 때, 심신의 불쾌감을 느낄 때, 불안에 쩔쩔매고 위험을 예감할 때, 단순한 농담으로든 호기심으로든, 또 선의의 건전한 관심으로든, 어째서 다른 시각에서는 질문해 보지 않는가? 왜 너희는 고통이 너희 자신 속에 깃들어 있는지 어떤지, 탐색하려 하지 않는가? 너희 모두는 한

동안, 러시아가 너희의 적이며 모든 악의 근원이라고 믿었다. 그러나 얼마 뒤에는 프랑스인들이 적이 되었고, 그다음에는 영국인이, 그리고 또 다른 나라의 국민들이 잇따라 너희의 적이 되었다. 너희는 항상 확신했고 굳게 믿었다. 그러나 그 믿음은 언제나 슬픈 희극, 불행으로 끝나 버렸다. 우리 내부의 고통을 아무리 적의 탓으로 돌린들 결코 나아지지 않음을 이젠 깨달았을 법도 한데, 어째서 너희는 여태 고통이 실재하는 곳, 즉 너희 내면에서 고통을 찾지 않는가? 너희에게 고통을 주는 것은 민족도, 조국도 아니며 세계 패권도, 민주주의도 아니다. 요컨대 그것은 너 자신이고, 너의 위장이나 간, 너의 몸속에 자라난 암 덩어리일 터다. 어쩌면 스스로는 아주 건강한데, 유감스럽게도 민족의 고통이 자신을 짓누른다면서 의사 앞에, 진리 앞에 서기를 두려워하는 어리석은 공포가 그 원인일 수 있다. 그런 것이 도대체 가능한 일인가? 너희는 이런 문제에 전혀 호기심이 없는가? 자신의 괴로움을 한번 탐색해 보고, 그 괴로움이 어디에 있으며, 누구하고 관련되어 있는지 탐구하는 것은 너희 각자에게 유익하고 흥미로운 훈련이 될 터다.

그렇게 해 보면 너희가 느끼는 고통의 3분의 1, 혹은 절반, 더 나아가서는 반절 이상이 실제로 자신한테서 발원하였음을 깨닫게 될 것이다. 조국을 위해 이런저런 불평을 쏟아 내고 어딘가 뜯어고치려고 돌아다니기보다, 냉수욕을 하거나 술을 덜 마시고 요양하는 것이 더 효과적일 수 있다. 내 생각에는 그럴 듯싶다. 그러는 편이 좋지 않을까? 그리고 거기에 미래가 있지 않을까? 또한 거기에 고통을 행복으로 바꾸고, 독을 운명으로 바꿀 수 있는 가능성이 있지 않을까?

너희는, 조국이 쓰러진 마당에 자신만을 치료하는 것은 이기적이고 치졸한 짓이라고 생각한다. 내 생각이 혹시 틀렸을지 모르지만, 한 나라의 고통받는 모든 사람들이 조국 때문에 그토록 애쓰며 돌아다니지 않고 스스로를 돌볼 수 있다면, 결국 그 나라는 더 건강해지고 번영하지 않을까?

아, 젊은이들이여, 너희는 젊은 생애 동안에 많은 것을 배웠다. 너희는 전사였고, 수백 번이나 죽음에 맞서 싸웠다. 너희는 영웅이고, 조국의 기둥이다. 다만 한 가지 부탁하고 싶다, 거기에 만족하지 말라고. 더 배우라. 계속 노력하라. 그리고 때때로 정직함이 얼마나 아름다운지 생각하라.

괴로움과 행동에 관하여

'우리가 어떻게 행동해야 하나요?'라고 너희는 나에게, 그리고 스스로에게 끊임없이 묻는다. '행동'은 중요하고, 모든 가치가 거기에 있다. 그렇지만 친구들이여, 행동은 너희가 그게 무엇인지 올바로 이해했을 때에만 값진 것이다.

그런데 보아라, '우리가 어떻게 행동해야 하나요?'라는 질문, 이 유치하고 걱정스러운 질문 자체가, 너희가 아직 행동에 대해 아무것도 모른다는 증거다.

젊은이들이여, 너희가 '행동'이라고 부르는 것을, 산의 은둔자인 나는 전혀 다른 말로 부르고 싶다. 나는 너희가 이야기하는 '행동'을 정반대의 뜻으로, 온갖 아름답고 멋지고 귀여운 이름으로 바꿔 부를 수 있다. 그것을 그럴싸하고 흥미롭게 포장하기는 몹시 쉬운 일이다. 왜냐하면 내가 생각하는 바와 그것은 정반대되기 때문이다. 너희가 말하는 '행동'과 내가 행동이라 부르는 것은 전혀 다르다.

행위, 친구들이여, 이 간단한 단어를 잘 들어 보라. 주의해서 들어야 한다. 너희의 귀를 이것으로 씻어 내라. 행위에 앞서, '어떻게 행동해야 할까?'라고 묻고 실행하는 사람은 결코 없다. 행위는 선한 태양에서 나오는 빛이다. 하지만 그 태양이 선하고, 올바르며, 긴긴 인고의 세월을 견뎌 내지 못한다면, 또 불안에 휩싸여 무엇을 해야 할지 진지하게 묻지 않는다면, 아무리 태양이라 한들 스스로 빛을 발할 수 없으리라. 행위는 행동이 아니다. 행위는 생각하거나 궁리하는 것이 아니다. 좋다, 행위가 무엇인지 너희에게 이야기해 주겠다. 그러나 그 전에, 너희가 말하는 행동을 내가 어떻게 생각하는지 들려주도록 하겠다. 그러면 훨씬 잘 이해할 수 있을 것이다.[19]

너희가 지금 하려는 행동, 탐구와 의혹과 갈지(之)자의 혼돈 속에서 양지로 나오려 하는 것, 즉 그런 행동은, 사랑하는 친구여, 행위와 반대될 뿐 아니라 그것의 철천지원수다. 너희의 행동은, 짓궂게 표현하자면, 겁에 질려 있는 것이다. 너희가 화내는 모습이 보인다. 이 순간, 너희 눈에 내가 좋아하는 표정이 나타났다. 그러나 잠시 기다려라. 우선 내 말을 끝까지 들어 보아라.

젊은이들이여, 너희는 군인이었다. 군인이 되기 전엔 아마 물건을 팔거나 제조하거나 그와 비슷한 일을 했을 터다. 또

---

19 여기서 헤세는 행동과 행위를 구분하는데, 단어 자체를 엄밀히 구별하지는 않으므로 문맥상 유추해 읽어야 한다. 행동은 군중 심리에 휩쓸리듯 외부적 요인에 의해 무분별하게 나타나지만, 행위는 삶의 고통을 외면하지 않고 스스로 맞서 극복하는 자아로부터 비롯한다.

는 너희 아버지들이 그런 일을 해 왔을 것이다. 너희와 너희 아버지들은 형편없는 학교 교육 탓에 세상에 대립이, 신이 창조한 영원한 대립이 있다는 풍문을 믿었다. 대립 자체가 너희의 신이었다. 너희는 인간과 신의 대립을 인정했고, 인간은 신이 될 수 없으며 신도 인간이 될 수 없다고 결론을 내렸다. 그럴듯하지만 이 그릇된 믿음의 정체를, 이제 차라투스트라가 깊은 의심과 오명의 수렁으로부터 끌어내 간단명료히 밝혀내도록 하겠다. 너희로 하여금 행동과 괴로움이라는, 요컨대 너희가 믿는 대립을 똑똑히 볼 수 있도록 이끌어 주겠다.

자, 이제 눈을 떠라, 젊은이들이여. 그리고 너희의 괴로움과 행동을 보아라. 이제 이 늙은 은자가 너희에게 진상을 알려 주겠다.

우리의 삶을 함께 만들어 내는 행동과 괴로움은 실상 일체며, 하나다. 하나의 생명은 괴롭게 잉태되어 괴롭게 탄생하고, 괴롭게 젖을 떼고, 여기저기서 괴로움을 겪다가 죽는 순간까지 괴로워해야 한다. 하지만 삶이 칭찬받고 사랑받는 까닭은 바로 이 아름다운 괴로움 덕분이다. 옳고 완전하며 생생한 괴로움 말이다. 잘 괴로워할 줄 안다면 이미 절반 이상을 해낸 셈이나 다름없다. 태어남은 괴로움이다. 성장은 괴로움이다. 씨앗은 땅을 괴로워하고, 뿌리는 비를 괴로워하며, 꽃봉오리는 개화하기를 괴로워한다.

친구들이여, 이렇듯 인간은 운명을 괴로워한다. 운명은 땅이고, 비이며, 성장이다. 운명은 괴롭다.

그런데 너희는 '행동'을 괴로움에서 달아나는 일, 아예 태어남을 거부하는 수단으로 여긴다. 네 아버지 세대처럼 너희 역시, 상점이나 공장의 소음 속에서 밤낮으로 노동하며 요란하게 망치질하는 소리를 듣는 것, 시커먼 연기가 굴뚝을 타고 하늘로 쏟아져 나오는 것만을 '행동'이라 부른다. 들어라, 나는 망치질이나 굴뚝 연기, 너희 아버지들에 대해 아무런 적개심도 없다. 하지만 너희가 그렇게 부지런스러운 일만을 '행동'이라 부르는 모습을 보면, 나는 미소 지을 수밖에 없다. 그것은 행동이 아니라, 괴로움에서 도피하는 데에 불과하다. 혼자 살아가기는 괴로운 까닭에 사람들은 사회를 만들었다. 삶을 자기 내면에서 살아 내고, 자신의 운명을 찾으며, 스스로 죽음을 선택하라고 외치는 목소리를 듣는 일은 괴롭기 때문이다. 이 모든 것이 괴로운 까닭에, 너희는 그러한 목소리가 희미해지거나 전혀 들리지 않을 때까지 기계나 망치로 소음을 일으키는 것이다. 너희 아버지 세대가 그러했고, 너희 교사가 그러했으며, 너희 자신도 그러고 있다. 너희는 괴로움을 받아들여야 함에도, 괴롭고 싶지 않기에 화를 내며 '행동'하려고만 해 왔다. 결국 너희는 무엇을 했는가. 너희는 소음과 마취의 신에게 줄곧 매달렸기 때문에, 다른 일을 할 여유가 없었다. 그래서 괴로움을 받아들이고, 귀를 기울이고, 호흡하고, 생명의 젖을 먹고, 하늘의 빛을 누릴 만한 시간이 전혀 없었다. 너희는 항상 '행동'해야만 했다. 그 '행동'이 더는 아무런 도움도 되지 않을 때, 운명이 너희 내부에서 달콤하게 무르익지 않고 독을 지닌 채 차츰 썩어 갈 때, 오히려 너희는 더욱 열심히 '행동'하며 적을 만들어 갔다. 처음에는 상상 속에서, 나중에는 현실 속에서 그러한 일을 했다. 그러고는 전쟁에 나가 싸운 끝에 영웅이 되었다. 너희는 정복했고, 무의미를 참아 냈으며, 위업을 달성했다. 그런데 지금은 어떤가? 이제 만족하는가? 마음이 고요해지고 기쁨을 얻었는가? 비로소 운명이 달콤하게 느껴지는가? 전혀 아니다. 예전보다 더 쓰게 느껴질 뿐이다. 그래서 너희는 새로운 '행동'을 하기 위해 서둘러 거리로 달려 나갔고, 아우성치며 평의회를 조직했고, 총을 다시 장전했다. 이 모든 일은 너희가 계속 괴로움으로부터 달아나려 하기 때문이다. 너희 자신으로부터, 너희 영혼으로부터 달아나려 하기 때문이다.

너희가 내 말에 뭐라고 반박할지 이미 알고 있다. 너희가 여태껏 견뎌 온 것이 바로 괴로움이 아니었느냐고, 너희는 나에게 물을 터다. 전쟁터에서 전우가 너희 품속에서 죽어 갈 때, 땅속에서 사지가 얼어붙고, 야전 병원 의사의 메스 아래에서 움찔했을 때, 그것이 괴로움이 아니었느냐고 말이다. 맞다, 물론 그 모든 것은 괴로움이었다. 하지만 그것은 스스로 원한 괴로움, 조급하고 운명을 바꾸려 하는 괴로움이었다. 운명으로부터 도피하거나 그 운명을 바꾸려 하는 자가 영웅일 수 있다면, 그런 행동 역시 영웅적이라 할 수 있을지도 모른다.

괴로움을 배우는 일은 어렵다. 이 과업은 남자들보다 여자들한테서 더 빈번하게 나타나고, 더 훌륭하게 이뤄진다. 너희는 여자들에게 배워야 한다. 삶이 너희에게 들려주는 목소리를 경청하는 법을 배워라. 운명의 태양이 너희 그림자를 가지고 장난칠 때엔, 그것을 관찰하는 법을 배워라. 삶에 대한 경외심을 배워라. 너희 자신에 대한 경외심을 배워라.

괴로움에서 힘이 생겨나고, 괴로움을 통해 건강해진다. 갑자기 졸도해 별것 아닌 맞바람을 맞고 죽는 '건강한' 사람들도 있다. 그들은 괴로움을 배우지 못한 사람들이다. 괴로움은 사람을 끈질기게 하고, 또 강철처럼 단단하게 한다. 어린아이들이나 괴로움 앞에서 달아나려 한다. 나는 정말로 아이들을 사랑하지만, 만약 너희가 평생 어린아이에 머물러 있으려 한다면 내가 어떻게 너희를 사랑할 수 있겠는가? 그러나 너희, 괴로움과 어두움이 두려워서 달아나려 하는 너희는 모두 어린아이들이다.

너희가 그렇게 열심히 행동하고, 매연에 시달려 가며 부지런히 이룩한 것이 과연 무엇인지 보아라. 도대체 무엇이 남았는가? 돈과 함께, 너희의 비겁한 근면함이 가져다준 모든 영광 또한 사라졌다. 너희가 행동으로 만들어 냈다는 그 행위는 어디에 있는가? 위대한 인간, 빛나는 인물, 행동하는 자, 영웅은 어디에 있는가? 너희 황제는 어디에 있는가? 그의 후계자는 누구인가? 누가 그 자리를 물려받을 것인가? 너희 예술은 어디에 있는가? 너희 시대를 정당화해 줄 업적은 어디에 있는가? 위대하고 기쁨을 안겨 주던 사상은 모두 어디에 있는가? 아, 너희는 훌륭한 것과 빛나는 것을 만들어 내기엔 너무도 부족하게, 너무도 불충분하게 괴로움을 겪었다.

왜냐하면 행위는, 훌륭하고 찬란한 행위는, 친구들이여, 행동으로 그리고 근면함과 망치질로 얻을 수 없기 때문이다. 그것은 산 위에서, 적막하고 험준한 산봉우리에서 외로이 자란다. 그것은 괴로움 속에서 자라난다. 너희는 괴로움을 인내하는 법부터 배워야 한다.

외로움에 관하여

젊은이들이여, 너희는 고독의 학교에 관해, 운명의 대장간에 관해 묻는다. 너희는 그런 것을 알지 못하는가? 하기는,

항상 민족에 관해서만 이야기하고, 만사를 국민과 연관 짓고, 오직 국민과 더불어, 그리고 국민을 위해 괴로워하는 너희니 그런 것을 알 리가 없다. 나는 너희에게 지금 외로움에 관해 말하려 한다.

외로움은 인간으로 하여금 스스로를 발견하도록 이끄는 길이다. 또한 외로움은 인간이 가장 두려워하는 길이다. 거기에는 끔찍하고 불쾌한 일들이 줄줄이 숨어 있다. 무시무시한 것이 도사리고 있다. 외로운 자들, 고독의 사막을 헤매는 모든 외로운 자들이 길을 잃고 병들고 나쁜 말로에 접어들었다는 소문을 들어 보았을 것이다. 사람들은 모든 위대하고 영웅적인 행동을 바람직하지 않은 일, 이를테면 범죄라고 여긴다.

나, 차라투스트라에 대해서도 사람들은 미쳐 죽었다느니, 나의 행동과 말은 전부 광증(狂症)에서 비롯되었다느니 떠들어 댄다. 그런 말을 들으면 너희는 얼굴을 붉힐 것이다. 미친 나의 말에 귀 기울이는 것이 너희들에게 더 귀하고 더 가치 있는 일임을 알기에, 용기 없는 스스로가 부끄러우리라.

사랑하는 친구들이여, 나는 너희에게 외로움의 찬가를 들려주련다. 외로움이 없으면 괴로움도 없고, 또 외로움이 없으면 영웅 정신도 없다. 그러나 내가 말하는 외로움은 어느 유명한 시인의 고독이나, 샘물이 졸졸 흐르는 은자의 바위 동굴에서 벌어지는 엉터리 연극이 아니다.

아이가 어른으로 나아가는 것은 단 한 걸음, 오직 한 걸음뿐이다. 외로워지는 것, 자기 자신이 되는 것, 부모에게서 벗어나는 것, 바로 이 한 걸음을 내딛으며 아이는 어른으로 성장된다. 그 일을 완벽하게 해내는 사람은 아무도 없다. 누구나, 성스러운 은자나 황량한 산의 곰조차, 소속감이라고 하는 귀하고 따뜻한 끈으로 부모나 인척에 매달려 있다. 친구들이여, 너희가 민족과 조국에 대해 온정 어린 이야기를 할 때, 나는 너희에게 매달려 있는 그러한 끈을 바라보며 미소 짓는다. 위대한 지도자들이 너희의 '과제'와 책임에 관해 이야기할 때도 그들은 그 끈을 입에 길게 매달고 있다. 너희의 위인들이나 지도자들, 연설가들은 극기(克己)를 논할 때조차 운명에 대한 책임을 이야기하는 법이 결코 없다. 그들은 어머니에게 연결된 따뜻하고 행복한 끈에, 어린 시절의 순수한 기쁨을 상기하는 시인들의 노래가 가져다주는 온기와 행복에 매달린다. 아무도 그 끈을 완벽하게 끊어 낼 수 없다. 죽음의 순간에마저 그것은 그들을 행복하게 해 준다.

대부분의 사람들, 떼거리 인간들은 외로움을 단 한 번도 맛본 적이 없다. 부모에게서 벗어난 까닭은, 단지 배우자를 얻어 재빨리 새로운 따스함과 인간관계 속으로 들어가기 위함이다. 그들은 한순간도 혼자인 적이 없고, 단 한 차례도 자신과 대화를 나눠 본 적이 없다. 그러다가 우연히 외로운 자와 마주치면, 마치 전염병이라도 옮는 듯이 두려워하고 증오하며 돌을 던지고, 그가 멀어질 때까지 마음을 놓지 못한다. 왜냐하면 별과 우주의 차가운 기류가 그 외로운 자를 둘러싸고 있기 때문이다. 아, 그에게는 고향과 품속의 향긋하고 따스한 기운이 없다.

차라투스트라는 이러한 별들의 냄새와 끔찍스러운 냉기를 지닌 사람이다. 그는 외로움의 길을 제법 나아갔다. 그는 이미 괴로움의 학교를 졸업했다. 그 와중에 마주친 운명의 대장간에서 스스로를 담금질했다.

아, 젊은이들이여, 너희에게 외로움에 대해 더 이야기해

줘야 할까. 나는 너희를 기꺼이 그 길로 데려가서, 우주의 차가운 황홀경에 관한 노래를 들려주고 싶다. 하지만 나는 알고 있다, 이 길을 상처 입지 않고 걸어간 사람은 아주 소수에 불과하다는 사실을. 어머니 없이 살아가기란 힘들다. 고향, 조국, 민족, 명예, 공동체의 모든 달콤함을 포기하고 사는 것 역시 힘들다. 냉기 속에서 살기는 어렵다. 이 길에 들어선 대부분의 사람들이 실패했다. 그러나 외로움을 맛보고 자신의 운명에 응답하려면, 몰락하는 일 따위는 개의치 말아야 한다. 어떤 비참함을 겪을지라도 국민과 함께, 여러 사람과 함께 살아가는 편이 훨씬 쉽고 더 달콤하다. 일상과 국민이 부여하는 '과제'에 몸을 바치는 일 또한 훨씬 쉽고 더 큰 위안을 준다. 이 거리에 꽉 들어찬 군중이 얼마나 편안한지 보아라. 총알이 날아들고 생명이 위태로워도, 그들은 저 바깥의 어두운 밤과 추위 속에서 홀로 걸어가기보다는 대중 곁에서 그들과 함께 파멸하기를 훨씬 좋아한다.

너희 젊은이들이여, 내가 어떻게 너희를 유혹할 수 있을까! 운명이 그러하듯이 외로움 역시 선택할 수 있는 것이 아니다. 외로움은, 우리 내면에 운명을 끌어당기는 마법의 돌이 있을 때 엄습해 온다. 적잖은, 꽤 많은 사람들이 황무지로 떠나 아름다운 샘과 은자의 오두막에 도달했지만, 여전히 떼거리 인간으로서 살아간다. 그런 반면, 어떤 사람은 빽빽한 수천의 군중 속에 있어도 이마에서 별의 향기를 풍긴다.

공연히 색칠하거나 일부러 만들어 낸 외로움이 아니라 자신만의 운명적인, 유일한 외로움을 찾아낸 자는 복되도다! 외로움을 아는 자는 복되도다! 가슴속에 마법의 돌을 지닌 자는 복되도다! 운명이 그를 찾아갈 것이며, 그에게서 진정한 행동이 나오리라.

스파르타쿠스

너희는 내가 스파르타쿠스[20]에 관해 어떻게 생각하는지 알고 싶어 한다.

봉기를 일으킨 이 노예들이야말로 너희 조국에서 강력히 선(善)을 추구하고, 미래를 앞당기려 한 사람들 중 가장 마음에 든다. 그들은 확고한 결의로 신속하고 정확하게 스스로의 길을 선택했고, 곧장 그 길로 달려 나갈 줄 알았던 이들이다. 진심으로 말하건대, 너희 국민들이 다른 재능과 함께 이 작은 힘을, 아주 미미할지라도 이런 힘을 가진다면, 너희 조국은 살아남을 것이다.

이 스파르타쿠스 당원들에 의해 조국이 몰락하는 일은 없을 것이다. 하필 그들이 스파르타쿠스라는 이름을 가진 것은 기묘한 일, 혹시 운명이 아닐까? 그들은 교육받지 못한 사람들, 거친 노동의 주먹을 지닌 사람들이다. 그들은 글깨나 배운 사람들, 지식인들을 경멸하지만, 과거의 선구자들에게서 역사에 대한 이해와 박학다식한 기운이 진동하는 이름을 빌려

---

20 독일의 급진적 공산주의 정당인 '스파르타쿠스'는, 고대 로마 시대에 노예들의 반란을 주도했던 인물, 스파르타쿠스에서 그 이름을 따왔다. 1918년, 11월 혁명으로 독일 제국이 무너지자 이들은 자유 사회주의 공화국 수립을 선포하며 무장 봉기를 시도했으나 1919년 1월 15일, 정부군에 의해 진압되었다. 이때 로자 룩셈부르크와 카를 리프크네히트가 체포, 처형되었다. 헤세는 이 글을, 이 사건이 일어난 직후인 1919년 2월에 썼다.

왔다. 저 머나먼 과거 시대로부터 찾아낸 그 이름이, 이미 그들의 운명을 암시하고 있지 않은가?

이 새롭고 유구한 이름이, 식자(識者)들에게 시대의 전환, 몰락의 징후를 경고한다는 점에서 더없이 훌륭하다. 그 이름은 과거의 낡은 세계가 몰락했듯이 오늘날 우리가 살아가는 세계도 몰락할 수밖에 없음을 가르쳐 준다. 그런 의미에서 보자면 정말 제대로 된 이름이다. 현재 우리가 살아가는 세계는, 이 세계와 우리를 연결해 주는 모든 아름답고 사랑스러운 것들과 함께 몰락할 운명이다. 어떻게 된 일인가? 과거의 낡은 세계가 붕괴한 이유는 스파르타쿠스 때문인가? 나사렛의 예수 때문이었나? 이른바 야만인들의 약탈 때문인가? 금발의 용병들 때문인가? 아니다. 스파르타쿠스는 역사에 길이 남을 탁월한 영웅으로, 그는 자신을 옥죈 사슬을 과감하게 흔들었고, 용감하게 칼을 휘둘렀다. 그럼에도 불구하고 그는 노예를 '인간'으로 만들지는 못했다. 그는 다만 당대의 귀족 정치가 몰락하는 상황에 일꾼으로 참여했을 뿐이다.

하지만 거친 주먹과 훈장(訓長) 티가 나는 이름을 가진 그들을 무시하지 말라. 그들은 준비되어 있고 운명을 예감하며 몰락에 저항하지 않는다. 이런 단호한 정신을 존경하라. 절망은 영웅 정신이 아니다. 너희는 이미 그것을 전쟁에서 경험하지 않았는가? 그럼에도 절망은 지금 국민들이 보여 주는 정체 없는 두려움보다 낫다. 국민은 돈주머니를 빼앗길 위험에 처해야 비로소 영웅 정신을 떠올린다.

그들이 '공산주의'라고 부르는 것이 무엇인지 우리는 잘 안다. 그것은 먼지가 가득 쌓인 연금술사의 부엌에 놓인, 낡아빠지고 우스꽝스러운 비방(祕方)일 뿐이다. 그들의 말은 신경 쓰지 말라. 하지만 그들의 행동은 주목하라. 그들은 행동할 줄 아는 사람이다. 그들은 평판 나쁜 샛길에 빠져 있음에도 거의 운명에 도달했다. 너희는 그들보다 더 많은, 더 좋은 기회를 가지고 있지만, 여태 운명의 길 입구에 서 있다. 그들은 길의 끝자락에 다다랐고, 너희를 의미심장하게 앞질렀다. 친구들이여, 그들은 너희, 즉 종말의 준비를 주저하는 자들, 뒤로 물러선 이들을 추월하고 있다.

조국과 적들

친구들이여, 너희는 내게 조국의 몰락에 관해 너무도 많이 한탄한다. 하지만 파멸할 수밖에 없다면, 그토록 흐느껴 울지 말고 차라리 조용히 놔두는 편이 더 품위 있고 성숙한 일 아니겠는가! 도대체 조국의 어디가 파멸하고 있는가? 너희에게 조국은 아직도 네 돈주머니, 혹은 네가 타고 있는 배[船]인가? 아니면, 조국이란 너희 황제인가? 과거의 화려한 영광인가?

선조가 너희 민족의 정수라 여기며 사랑했던 것, 너희 민족이 풍요롭고 행복하게 만들었던 세계를 너희는 왜 조국이라 부르면서 몰락과 파멸을 이야기하는가? 나는 이해할 수 없다. 너희는 재물, 영토, 군함, 국력 등 수많은 것을 잃었다. 이러한 현실을 도저히 견딜 수 없다면, 차라리 황제 기념탑 아래서 스스로 목숨을 끊어라. 그러면 장송곡을 불러 줄 의향 정도는 있다. 그러나 불과 얼마 전까지, 너희는 독일이 세계를 구해야 한다고 노래하지 않았던가? 그런데 이젠 탄식하면서 역사 앞에 동정을 구하고 있다. 마치 벌서는 학생들처럼, 너희는 길거리 행인들한테 동정을 구걸하고 있다. 가난을 참을 수 없다면, 차라리 죽어라! 황제나 장군 없이 국가를 꾸려 나갈 수 없다면, 잠자코 외세의 지배를 받아라! 하지만 제발 부탁이니, 부끄러움만큼은 완전히 잊지 않기를!

어떻게 너희가 적들더러 가혹하다고 볼멘소리를 하지 않을 수 있겠는가? 승리, 압도적인 승리를 거둔 그들이 거칠고 야비하게 보이는가? 또 그들이 자기 권리를 주장하며 행사한다고? 정의를 부르짖으면서 약탈과 탈취를 일삼는다고?

너희 말이 맞다. 너희의 적들을 옹호할 생각은 추호도 없다. 나도 그들을 좋아하지 않는다. 그들 역시 너희와 마찬가지로 오직 성공하기 위해 야비한 짓을 서슴지 않는 데다, 온갖 술책과 핑계로 일관하고 있으니 말이다. 하지만 친구들이여, 그렇지 않은 적이 있었던가? 결코 바꿀 수 없는 일을 연신 큰 소리로 한탄하는 것이 과연 지금 우리에게 주어진 임무인가?

이제 우리가 해야 할 일은 의연하게 파멸하거나, 또 의연하게 계속 생존하는 것이다. 어린아이들처럼 우는소리를 해선 안 된다. 우리의 과업은 운명을 인식하고 고통을 받아들이며, 고통의 쓰라림을 달콤함으로 바꾸고, 바로 그 고통을 통해 성숙하는 일이다. 우리의 목표는 가능한 한 빠르게 성장하고, 부유해지고, 군함과 군대를 소유해 강대해지는 일이 아니다. 그 같은 유아적 망상은 우리의 목표가 아니다. 군함과 군대, 권력과 돈이 정녕 무엇인지 겪어 보지 않았던가? 벌써 잊었다는 말인가?

젊은이들이여, 우리의 목표는 구호나 숫자로 설명할 수 없다. 우리의 목표는 모든 이들의 목표가 그러하듯이, 운명과 하나가 되는 것이다. 그럴 수만 있다면 우리가 위대하든 보잘 것없든, 부유하든 가난하든, 두려움에 떨든 즐거움에 웃든 전혀 상관없다. 그런 속된 일은, 군사 평의회나 머리 굴리는 자들의 몫으로 놔두어라. 너희가 전쟁과 비탄에 빠져 자신에게 돌아오지 못하고, 본질을 찾지 못하고, 여전히 운명을 바꾸려 하거나 괴로움을 외면한 채 성숙하기를 거부한다면, 차라리 파멸하라!

너희 시선에서, 내가 그러한 위험을 감지하고 있음을 이해하라. 너희는 산에서 내려온 이 늙고 못된 은자의 쓰디쓴 말에 위안을 느끼고 있다. 내가 앞서 괴로움과 운명과 외로움에 관해 이야기했음을 너희는 기억할 것이다. 너희는 괴로움을 맞닥뜨리는 순간, 일말의 외로움조차 느끼지 못하는가? 너희의 귀는 운명의 나직한 목소리를 듣지 못하는가? 장차 너희의 괴로움이 얼마나 풍성한 열매를 맺게 될지 정말 모르는가? 너희의 괴로움이 고귀하기 그지없는 단계에 다다르기 위한 훈장이자 경고일 수 있음을 모르는가?

도달하기에 끝이 없는, 너무 머나먼 목표를 설정하지 말라. 너희가 과거에 품었던 근사한 목표들이 운명에 의해 모두 부서진 지금, 더는 과거에 매달리지 말라. 부탁하건대, 신이 너희에게 들려준 이 모든 이야기를 부끄러워하지 말라. 너희는 소명을 부여받은, 탁월한 존재들이다. 그렇다고 권력과 돈, 민주주의와 사회주의 중에서 어느 것 하나를 선택하지는 말라. 너희는 괴로움 속에서 너희 자신이 되고, 또 그 가운데서 자기만의 호흡과 심장 박동을 다시 얻도록 선택받았다. 너희는 별들의 공기를 호흡하도록, 아이에서 어른으로 성장하도록 선택받았다.

한탄은 이제 그만둬라. 어머니와의 작별, 달콤한 빵과의 이별을 슬퍼하는 어린아이 같은 눈물은 제발 거둬라. 그 대신 쓴맛이 나는 빵, 어른의 빵, 운명의 빵을 먹는 방법을 배워라.

보아라, 그러면 너희의 위대한 선조들이 예견하고 사랑했던 '조국'이 너희 앞에 재림하게 되리라. 그제야 너희는 외로움에서 벗어나, 다시 참된 공동체 속으로 돌아가게 되리라. 너희가 속할 공동체는 더 이상 마구간이나 부화장(孵化場)이 아니다. 이를테면 그곳은 어른들의 공동체, 국경이 없는 세계, 너희 아버지들이 이야기하던 하느님의 왕국이다. 너희가 머물 그 공동체가 아무리 비좁더라도 모든 미덕이 담길 만큼은 넉넉하리라. 비록 용맹한 장군이 없을지라도, 그곳은 용기로 넘쳐 날 것이다.

진심으로 말하건대, 너희 어린아이들이 이렇게 위로받을 수 있을 때, 차라투스트라는 비로소 다시 웃기 시작할 터다.

세계의 개조

너희의 말 중에 나를 미소 짓게 하기보다, 다소 불쾌하게 하는 말이 있다. 바로 세상을 개조하겠다는 소리다. 너희는 단체나 무리에 속해 세상을 개조하겠다며 신나게 노래해 댔고, 황제나 수많은 예언자들 역시 그러한 노랫소리를 아주 좋아했다. 그 노랫말의 후렴은 항상 독일의 본질과 회복으로 귀결되었다.

친구들이여, 우리는 세상이 선한지 악한지 판단하는 것을 보류할 줄 알아야 하고, 세상을 개조해야 한다는 이상한 요구로부터 벗어나야 한다.

사회가 우리를 비난하거나, 우리가 잠을 설치고 속이 더부룩할 때, 우리는 세상을 원망한다. 한편, 연인과 키스라도 한 날에는 세상이 온통 아름답게 보이리라.

세상은 개조되기 위해 존재하는 것이 아니다. 너희 또한 개조되기 위해 존재하는 것이 아니다. 너희는 너희 자신이기 위해 존재하는 것이다. 이 소리, 이 분위기, 이 그림자만큼이나 세상을 더 풍성하게 하기 위해 너희가 존재하는 것이다. 너 자신이 되도록 하라. 그러면 세상은 훨씬 풍요롭고 아름다워질 터다. 만약 너 자신이 되지 못한 채 거짓말쟁이나 겁쟁이가 된다면, 이 세상은 초라해지고 개조해야 할 대상으로 보이게 될 것이다.

세상을 개조하자는 소리가 요란한 이 기이한 시대에, 지금 그 노랫소리가 다시 시끄럽게, 몹시 시끄럽게 들려온다. 그 소리가 얼마나 추하고 거나한지 안 들리는가? 너무도 거칠고 불행한 노랫소리다. 얼마큼 미련하고 또 시끄러운지 모른다. 그 노래는 마치 그림의 크기를 불문하는 액자 같다. 황제나 경찰이 불러도 어울리며, 독일의 유명 교수들, 심지어 차라투스트라의 옛 친구들이 흥얼대도 그럴싸하다. 아무런 감흥도 느낄 수 없는 이 노래는 민주주의와 사회주의, 국제 연맹과 세계 평화, 국수주의를 폐지하려는 흐름과 새로운 국수주의를 창설하려는 움직임, 그 어느 쪽에도 전부 어울린다. 적들이 너희에게 이 노래를 불러 주기도 한다. 적의 합창대에 속한 어떤 자는 남을 미워하고, 또 어떤 자는 남을 살해할 생각마저 품고 있다. 참으로 이상한 일은, 그 노래가 들려오는 곳이라면 어디든 모두가 주머니 속에 주먹을 감추고 있으며, 사리사욕과 이기심으로 들끓고 있다는 사실이다. 스스로를 향상시키고 단련하려는 고상한 이기심이 아니라, 돈과 허영과 착각으로 얼룩진 천박한 이기심이다. 그러한 자신의 이기심이 부끄러워지는 순간에, 사람들은 그 노랫소리 뒤에 숨고자 세상을 개조하자고 이야기하기 시작한다.

너희 친구들이여, 세상이 정말로 개조되어야 하는지, 아니면 세상이란 본디 항상 좋거나 변함없이 나쁜 곳인지, 나는 알지 못한다. 나는 철학자가 아니고, 그런 방면엔 그다지 호기심도 없는 까닭에 잘 알지 못한다. 다만 내가 아는 사실은, 만약 세상이 인간에 의해 개조되고 풍성해졌다면, 그것은 세상을 개조한 자들 덕분이 아니라 올바르게 이기적인 사람들 때문이라는 것이다. 나도 그런 사람이고 싶다. 오로지 자신만을 아는 사람들에겐 목표도, 목적도 없다. 왜냐하면 그런 사람은 그저 사는 것, 자기 자신이 되는 것만으로도 충분하기 때문이다. 그들은 엄청난 괴로움을 느낌에도 그것을 즐겁게 받아들인다. 그 고통이 기쁘게 얻은, 자기만의 독자적인 괴로움이라면, 그들은 기꺼이 환자가 된다. 또한 불가피한 죽음이 자기만의 죽음이라면, 그들은 합당하고 고유한 그 죽음을 흔쾌히 맞이한다.

이따금 그들로 인해 세상이 개조되었을지도 모른다. 마치 가을날의 구름 한 조각이나 자그마한 갈색 그림자, 혹은 빠르게 날아오르는 작은 새 한 마리에 의해 세상이 개조되듯이 말이다. 가끔 몇몇 사람들에 의해 세상이 바뀌어 왔지만, 더는 세상의 개조가 필요하다고는 생각하지 말라. 떼거리나 군중이 아니라, 작은 새의 비상이나 바닷가의 나무 한 그루가 우리에게 기쁨을 주듯, 소수의 사람들, 특이한 사람들이 단순히 존재한다는 그 사실 자체만으로도 그들은 우리를 행복하게 한다. 젊은이들이여, 만약 너희가 애타게 명예를 얻고자 한다면 이 같은 명예를 욕심내라! 그러나 저 길은 외로움의 길이며, 까딱하면 목숨을 희생해야 하므로 위험하다.

독일인에 관하여

너희는 독일인들이 왜 별로 사랑받지 못하는지, 왜 그토록 심하게 미움받고 두려움의 대상이 되었는지, 모든 이들이 지긋지긋하게 여기며 피하려고 하는지 생각해 본 적이 있는가? 대규모의 군세로 유리한 입장에서 시작한 전쟁이었음에도 왜 전쟁을 벌이는 동안 서서히 그리고 끊임없이 모든 나라가 너희의 적이 되었는지, 또 너희를 외면하고 비난하게 되었는지 생각해 본 적이 없는가?

그렇다, 너희는 불쾌한 마음으로 그러한 현실을 인정했다. 오히려 그렇게 버림받고 외롭고 오해당하는 상황을 자랑스럽게 여겼다. 하지만 들어 보라. 너희는 결코 오해받지 않았다. 이해하지 못하고 착각한 쪽은 바로 너희 자신이다.

너희 젊은 독일인들은 언제나 자신들이 가지고 있지도 않은 덕(德)을 자랑스럽게 내세우면서 적들의 악덕을 맹렬히 비난했다. 하지만 적국의 그 악덕이란 실제로 너희에게서 배운 것이다. 너희는 항상 '독일의' 덕을 자랑하면서, 성실함이나 다른 미덕을 너희 황제나 민족의 소유물로 여겨 왔다. 그러나 너희는 전혀 성실하지 않았다. 요컨대 너희 자신에게 불성실했고, 그 때문에 세계의 증오를 불러왔다. 너희는 말한다. 아니야, 우리가 미움받는 이유는 우리의 돈, 우리의 성공 때문이야, 라고 말이다. 적들 역시 장사치의 논리로 그런 생각을 했을지도 모른다. 하지만 진짜 이유는, 우리의 생각이나 사업가의 단순하고 성급한 계산보다 더 깊은 곳에 자리해 있다. 물론, 너희의 부유함을 적들이 부러워하거나 시기했을 수도 있다. 그런데 세상에는 시기심을 불러일으키지 않는 성공, 세상 모두가 환호해 주는 성공도 있다. 왜 너희는 단 한 번도 그 같은 성공은 이루지 못한 채, 다른 성공만을 거두었는가?

바로 너희가 스스로에게 성실하지 않았기 때문이다. 너희는 자신의 역할이 아닌 배역을 맡았다. 너희는 황제와 리하르트 바그너[21]의 도움으로 '독일의 덕'을 가지고, 너희 말고는 아무도 진지하게 받아들이지 않는 오페라를 만들어 냈다. 그러고는 멋지고 현란한 오페라 뒤에 숨어서, 어둡고 노예적이며 과대망상적 본능을 키우고 추구해 왔다. 입으로는 언제나 신을 논하면서, 손은 늘 돈지갑 위에 얹어 놓았다. 너희가 주장하는 질서, 덕, 조직은 결국 돈을 벌어들이는 수단이었을 뿐이다. 너희는 자신들처럼 적들도 똑같이 사기 행각을 벌이고 있으리라 억측했다. 들어라, 너희는 항상 그랬다. 제발 들어라, 그들이 덕이나 정의에 관해 뭐라고 말하는지, 실제로 어떻게 생각하는지 보아라. 영국인이나 미국인이 멋지게 연설하면 너희는 서로 눈짓을 주고받는다. 마치 그들의 연설 속에 숨어 있는 의도를 간파했다는듯이 서로를 바라보는 것이다. 너

---

21 니체는 자신의 저서 『바그너의 경우』를 비롯해 『우상의 황혼』, 『이 사람을 보라』에서 바그너를 비판한 바 있다. 젊은 시절, 니체는 바그너에게 큰 존경심과 애정을 품었지만 장차 돌아서게 되는데, 아무래도 바그너가 강한 민족주의, 반유대주의, 염세주의, 기독교 신앙 등으로 경도되었기 때문일 터다.

희 가슴속에서 나온 연설도 아니거늘, 도대체 너희가 어떻게 그들의 의도를 정확히 파악해 낸다는 말인가?

내가 너희를 괴롭힌다고 비난하려거든 그렇게 하라. 너희는 서로 옳다고 인정해 주는 일에만 익숙할 뿐, 괴롭힘을 당하는 데에는 서투르다. 부정을 행하거나 사악한 말을 늘어놓거나, 고약한 충동을 적나라하게 드러내는 일이라면 너희는 모두 적들의 소행이라 치부해 왔다. 너희에게 고하노니, 삶의 편에 서서 세상을 살아가려면 괴로움을 주거나 괴로움을 받아들이는 일에 익숙해져야 한다. 세상은 냉정하며, 어린 시절의 따스한 온기를 영원히 간직한 보금자리가 아니다. 세상은 끔찍하고 예측할 수 없으며, 강한 자와 노련한 자를 사랑한다. 또 세상은 스스로 성실한 자를 사랑한다. 그렇지 못한 사람들은 설령 성공하더라도 그 영광을 오래 유지할 수 없다. 독일이 정신적으로 파멸한 뒤, 너희가 상품이나 물건으로 이루어 냈던 성공을 돌아보라. 아주 일시적이었을 뿐이다. 지난날의 그것들은 이제 사라지고 없다. 하지만 그런 의미에서 지금부터가 너희의 시대일 수도 있다. 고난은 이미 충분히 무르익었으니, 이제 의지를 펼칠 때다. 다시 거드름을 피우거나 인생의 비밀스러운 의미로부터 도주하지 말고, 이제 어른이 되어 스스로에 대한 신념, 진리, 자신을 향한 성실성을 보여 주자.

친구들이여, 너희는 나의 갖가지 비난과 욕설을 들으며 내가 너희를 얼마나 사랑하고 신뢰하는지를, 또 너희들에게서 내가 마음속 깊이 미래를 예감하고 있음을 깨달았을 것이다. 나를 믿어라! 나는 예민한 후각을 가진 늙은 은둔자, 비를 부르는 마술사다. 그렇다, 나는 너희를 믿는다. 나는 너희 안에 뭔가가, 독일인들 내면에 뭔가가 있음을 믿고 있으며, 너희 모두에 대한 변함없는 사랑을 오래도록 품어 왔다. 나는 너희 속에 숨어 있는 아직 보이지 않는 뭔가를, 미래를, 가능성을, 구름 뒤에서 빛나는 유혹적인 희망을 믿는다. 내가 이토록 믿는 까닭은, 너희가 아직 어린아이이고, 어린아이같이 행동하며, 기나긴 유아기에 아직 젖어 있기 때문이다. 아, 이제는 유아기에서 벗어나 어른이 되기를 바란다. 경솔함이 신뢰로, 귀여움이 선으로 바뀌기를, 또 기이함과 예민함이 인품과 성숙한 고집으로 바뀌기를 소망한다.

너희는 이 세상에서 가장 독실한 민족이다. 그런데 너희의 독실함이 어떠한 신들을 만들어 냈는지 아는가? 황제와 부사관들이다. 이제 그들의 자리에 우리 세상을 행복하게 만들어 줄 새로운 인물들이 들어서야 한다.

자신 안에서 신을 찾는 방법을 배우도록 하라. 지난날 영주(領主)나 깃발 앞에서 느꼈던 그 독실함을, 이제 너희 내면의 비밀스러운 어떤 것과 미래에서 느낄 수 있기를 바란다. 너희의 독실함이 더는 무릎을 꿇지 않고, 강하고 튼튼한 성인의 두 다리로 바로 서 주기를 바란다.

너희와 너희 민족

여전히 너희는 불신에 가득 차서 나를 삐딱한 시선으로 바라본다. 나의 어떤 점이 너희들 마음에 들지 않는지, 왜 나를 기피하는지, 나는 안다. 너희는 유혹자인 차라투스트라가, 너희가 사랑하고 신성시하는 민족으로부터 너희를 떼어 놓을까 봐 두려워한다. 안 그런가? 내가 제대로 맞히지 않았나?

교사의 가르침과 책에서 너희는 두 가지를 배웠는데, 하나는 민족만이 전부이며 개인은 아무것도 아니라는 것, 다른 하나는 그 반대의 말이다.

차라투스트라는 단 한 번도 교사였던 적이 없다. 내가 보기에 너희가 배운 것들은 기껏해야 웃음거리밖에 안 된다. 사랑하는 젊은이들이여, 너희는 민족과 개인 중에서 하나만을 선택할 수 없다. 나무는 하늘 꼭대기까지 자랄 수 없는 법이다. 결정하는 방법을 책으로 배운 자는 외로움의 하늘 끝까지, 성인의 하늘 끝까지 자랄 수 없다.

젊은이들이여, 너희 민족이 그토록 바라는 것이 무엇인지, 현재 어떤 곤경에 처해 있는지 물으면 너희는 아마 이렇게 대답할 것이다. 우리 민족에겐 행동이 필요합니다. 말만 하지 않고 행동할 줄 아는 사람이 필요합니다, 라고 말이다.

좋다! 너희 자신 때문이든, 민족 때문이든 이것만은 잊지 말아라. 대체 그 행동이란 어디서 나오는지, 마치 구름 속에서 번개가 번쩍이듯 산뜻하고 즐겁고 용감한 아침의 정신, 고집스러운 정신이 과연 어디서 나오는지 잊지 말아라. 벌써 그것을 잊었느냐? 다시 생각이 나느냐?

친구들이여, 너희 민족이나 세계의 모든 민족에게 필요한 것은 자기 스스로가 되는 방법을 배운 사람들, 자신의 운명을 인식한 사람들이다. 그들만이 민족의 운명이 된다. 오직 그들만이 용기를, 자부심을 가지고 있다. 또 그들만이 선하고, 올바르며, 건강하고, 활기찬 의욕을 가지고 있다. 행동은 그런 데에서 나온다.

너희 독일인들은 다른 민족들보다 복종하는 데에 익숙하다. 너희들은 아주 쉽게, 아주 기꺼이 복종하고 명령을 따르며, 지시받은 대로 행동하여 만족스러운 때에만 한 발자국 내딛는다. 수많은 포고령과 금지령이 너희의 국토를, 마치 숲처럼 뒤덮고 있다. 오랫동안 단절된 채로 기다려 온 세월이 흘러 이제 법령과 규정 대신, 힘 있고 확신에 찬 목소리, 진정한 성인의 목소리를 듣게 되더라도 너희는 여전히 복종만 하고 있을 작정인가? 오직 순종하며 명령만을 수행하지 않고, 마치 아버지의 머리를 박차고 나온 그리스 여신[22]처럼 해맑고 건강한 모습으로 무장한 채 기존의 틀을 깨는 광경을 다시 목도하더라도 이 민족은 계속 복종만 하고 있을 셈인가?

언제나 민족이 진정으로 무엇을 갈망하는지 생각하고, 그것을 잊지 말아라. 행동과 성숙함은 책이나 연설에서 나오는 것이 아님을 잊지 말아라. 예컨대 그것은 산에서 나온다. 그 산에는 고통과 외로움, 잘 참아 낸 아픔과 자발적 고독을 거쳐야 비로소 다다를 수 있다.

모든 대중 연설가들에 맞서, 나는 너희들에게 외친다. 너무 서두르지 말라. 사방에서 모두들 "서둘러라! 뛰어라! 냉큼 결정해라! 세상이 불타고 있다! 조국이 위험에 처해 있다!"라고 외치고 있다. 하지만 나를 믿어라. 만약 너희가 여유를 가지고 너희의 의지, 너희의 운명과 행동이 충분히 성숙하도록 기다릴 수 있다면, 조국은 결코 곤경에 처하지 않는다. 복종에 대한 기쁨과 마찬가지로 성급함은 독일의 미덕이 아니다. 그 어떤 것도 미덕이 아니다.

아이들아, 그렇게 고개 숙이지 말라! 늙은 차라투스트라를 웃게 하지 말라!

---

22 그리스 신화에 나오는 지혜의 여신. 즉 아테나 여신을 가리킨다.

차가운 폭풍이 불고 비바람이 몰아치는 이 시대에 너희가 태어났음은 불행인가? 오히려 행운이 아닌가?

작별

친구들이여, 이제 나는 너희들과 작별하련다. 차라투스트라가 작별하면서 청중에게 자신의 말을 충실히 따르고, 훌륭한 제자로 남아 있으라고 요구하지 않는 까닭은 너희도 잘 알고 있을 것이다.

너희는 차라투스트라를 숭배하지도, 모방하지도 말아야 한다. 차라투스트라가 되려고 하지 말아라. 너희들 각자에겐 어린아이의 깊은 잠 속에 깃든 구상(構想)이 숨어 있다. 그것을 살아나게 하고 움직이게 하라. 너희들 저마다의 내면에는 소명, 의지, 자연의 형상, 미래와 새것, 더 높은 것을 희구하는 구상이 숨어 있다. 그것을 성숙시키고, 구체화하고, 가꾸도록 하라. 너희의 미래는 아직 그 무엇도 아니며, 금전이나 권력, 인생의 지혜나 사업의 행운도 아니다. 그것은 훨씬 더 어렵고 위험하다. 너희의 미래, 너희의 길은 힘들고 험난할 테지만 성숙과 너희 내면의 신을 스스로 발견하는 경지로 이어져 있다. 독일의 청년들이여, 이보다 더 너희를 힘들게 할 일은 없을 것이다. 너희는 줄곧 신을 찾아다녔지만, 정작 단 한 번도 너희 내면은 살펴보지 않았다. 신은 다른 어디에도 없다. 각자의 내면에 자리한 신 외에 다른 신은 존재하지 않는다.

언젠가 내가 다시 돌아올 때, 나의 친구들이여, 그때는 다른 것, 더욱 멋지고 즐거운 이야기를 나누도록 하자. 또 그 무렴에, 세상에서 자기 말고는 아무것도, 강자나 모험가의 행복 외에는 아무것도 신뢰하지 않는 견고한 사람들처럼, 우리 함께 둘러앉고, 함께 거닐도록 하자.

너희는 어서 수많은 연설가들이 서 있던 저 골목길로 다시 돌아가라. 산에서 내려온 늙은이가 들려준 이 이야기는 모두 잊어라. 차라투스트라는 한 번도 현자(賢者)였던 적이 없다. 언제나 익살꾼이었고, 늘 기분 내키는 대로 돌아다니던 방랑자였을 따름이다.

어떤 연설가의 웅변도, 새처럼 재잘대는 교사의 말도 귀담아듣지 말아라. 그들이 뭐라고 지저귀든 상관하지 말아라. 너희 각자에게는 유익하게 귀 기울일 수 있는 하나의, 자기 자신만의, 유일한 새소리가 있다.

이제 떠나면서 말하건대, 너희 내면의 그 새소리만을 들어라! 너희 자신에게서 들려오는 그 목소리를 경청하라! 그 소리가 침묵하거든 뭔가 잘못되었음을, 제대로 굴러가지 않음을, 너희가 그릇된 길에 들어서 있음을 깨달아라.

하지만 너희 내면의 새가 노래하고 지저귀거든 그것을 따르라! 어디로 유혹할지 모르지만, 설령 아무리 멀고 차가운 고독 곁으로, 또 아무리 어두운 운명 속으로 이끌지라도 그 새를 따르라.*

---

* 1914년에 발발한 1차 세계 대전은, 1917년에 러시아가 혁명으로 붕괴하고 그다음 해에 독일이 휴전에 합의함으로써 끝났다. 전쟁이 끝난 뒤, 오스트리아–헝가리 제국은 해체되었고, 독일에는 막대한 규모의 전쟁 배상금이 청구되었다. 요컨대 「차라투스트라의 귀환」은 헤세가 패전 후 실의에 빠진 독일의 젊은이들에게 갈 길을 예시하는 글이다.

사랑의 길*

상황이 좋아도 사람은 쓸데없는 일이나 어리석은 짓을 곧잘 한다. 하지만 삶이 주는 교육은 편안함이 사라지고 고난이 자리한 곳에서 비로소 시작된다.

만약 버릇없는 아이가 다른 아이들도 다 그렇다면서 자기만 벌받고 반성하는 것이 억울하다고 항의한다면, 우리는 냉소하며 곧바로 반박할 터다. 그런 버릇없는 아이들처럼 우리 독일인들은 끔찍한 전쟁 기간 내내, 적들 역시 우리보다 더 나을 것이 없다고 주장했다. 우리는 침략이 입에 오르면 영국의 식민 지배를 들먹였고, 압제 정권을 언급하면 미국의 윌슨 대통령[23]이 독일의 어떤 제후보다 더 절대적인 권력을 휘두른

---

* 1877년, 독일 남부의 소도시 칼프에서 태어난 헤세는 1904년, 장편 소설 『페터 카멘친트』를 발표하며 이른 성공을 거둔다. 그 후에 마리아 베르누이와 결혼하여 아들 부르노와 하이너, 마르틴을 얻는다. 1912년에 스위스로 이주했고, 1919년에 『데미안』으로 엄청난 성공을 거둔 뒤에는 테신주의 몬타뇰라에서 일생을 보낸다. 인편, 헤세는 패신민 독일인들에게 기정 필요한 것은 그릇된 영웅 정신에 대한 반성이며, 운명을 사랑하고(amor fati), 불가해한 영역은 운명

다고 지적했다. 계속 그런 식이었다.

고난이 닥쳐왔으므로, 이제 교육이 시작되어야 한다. 그러나 현재 독일인들의 상황은 끔찍하다. 내일 우리가 살아남을지, 어떻게 살아야 할지 도무지 알 수 없다. 이런 때일수록 쓸데없는 행동이나 감정에 대한 유혹은 커지기 마련이다. 벌 받는 아이들의 마음속에 떠오르는, 그런 나쁜 본능을 부추기는 편지, 시, 신문 기사, 선동이 횡행하고 있다. 여기저기서 사람들은 또다시 '시대적으로'(바꿔 말하자면 비인간적으로) 사고하기 시작했다. 수많은 이들이, 오늘날의 상황은 지난 1870년에[24] 우리가 프랑스를 몰아세운 형국과 비슷하다면서 이렇게 말한다. '이를 악물고 숙명을 견뎌 내라. 그러나 마음속으로는 복수심을 키워라. 이 불행은 나중에 보상받게 되리라.'

사 년 전, 전쟁 초기에 독일 병사들은 전투에 돌입한다는 들뜬 기분을 품고 병영 입구에 '선전 포고 환영'이라고 써 붙였다. 이와 다른 생각을 하는 사람들은 아무 말도 할 수 없었다. 그런 이들 중 누구든 인간적인 말, 경고, 미래를 진지하게 성찰하는 발언을 했더라면 치욕과 의혹, 박해와 절교라는 혹독한 대가를 치러야 했을 터다.

그런 일을 되풀이하고 싶지 않다. 우리의 심리가 잘못되

으로 받아들이라고 역설한다. 정의는 훌륭하지만 사랑이 없다면 무가치하다.

23 Thomas Woodrow Wilson(1856~1924). 미국의 28대 대통령으로, 1913년부터 1921년까지 집권했다. 1차 세계 대전 이후, 베르사유 조약을 성공적으로 이끌어 내며, 1919년 노벨 평화상을 수상했다.

24 프랑스와 프로이센이 대립한 보불 전쟁을 가리킨다. 이때 크게 승리한 프로이센을 중심으로 독일 제국이 수립되었고, 막대한 전쟁 배상금을 지불해야 했던 프랑스는 제2제정의 붕괴와 함께 분열되었다.

었음을, 이를테면 전쟁 초기에 우리는 참된 의지에 따라 행동하거나 말한 것이 아니라, 히스테리적으로 행동했음을 깨달았기 때문이다. '다른 편'도 우리와 다르지 않았다. 그들 역시 가장 소중한 초국가적 과업으로서 적을 증오했고, 몇몇 적국(敵國)은 우리만큼이나 격렬하게 반응했다. 그 나라에서도 히스테리를 부리고 무책임한 언동을 일삼은 자는, 다름 아닌 민족의 나쁜 '지도자'들이었다.

하지만 적들도 우리 못지않았다는 식의 자기 정당화는 이제 그만두겠다. 우리의 유능한 호프만 장군[25]이 예전에, 브레스트-리토프스크 강화 조약[26]에서 러시아한테 강경한 태도를 보였듯이 오늘날의 포슈 장군[27]도 그러고 있지만, 그 일은 우리와 상관없으므로 굳이 그를 헐뜯을 필요는 없다. 과거에 우리가 승리자였듯이 그 역시 지금 승리자로서 행동하고 있을 뿐이다. 현재 우리는 승리자가 아니므로, 우리의 역할 또한 다를 수밖에 없다. 우리가 이 세상에서 계속 살아남아 번창할 수 있는가, 하는 문제는 오직 우리가 오늘날의 역할을 얼마나 진지하게 인식하고, 그 상황이 불러올 결과에 얼마큼 성실하게 대비하는지에 달려 있다.

고난은 우리 민족으로 하여금 옛 지도자들을 물러나게 했고, 우리 스스로 주인이 되도록 이끌어 주었다. 그것은 모든

---

25 Carl Adolf Maximilian Hoffmann(1869~1927). 독일의 군인이자 전술가로, 1차 세계 대전에서 러시아를 상대로 맹활약했다.
26 1918년 3월에, 1차 세계 대전의 동맹국과 러시아 정부가 브레스트에서 맺은 조약이다.
27 Ferdinand Foch(1851~1929). 프랑스의 군인이자 군사 이론가로, 1차 세계 대전 때에 연합군 총사령관을 역임했다.

참다운 행동이 발원하는, 무의식의 풍성한 심연에서 우러나온 행동이었다. 깊은 실망을 통해 얻어 낸 깨달음의 몸짓이었다. 구태의연한 것, 경직된 것의 붕괴였고, 인식의 첫 서광이었다. '과거의 우리 지도자가 설파한 민족적 이상은 전부 속임수였다. 그것은 결코 인도주의, 이성, 더 나은 길을 위한 선한 의지가 아니었다.'

우리 가슴은, 이것이 옳다고 말한다. 과거의 '성스러운 유산'은 갑자기 사라졌다. 우리가 그것을 내던진 까닭은, 그것이 가짜 연극의 소도구라는 사실을 깨달았기 때문이다. 계속 이렇게 나아가야 한다. 이제 우리는 한 인간, 그리고 더 나아가 한 민족이 나아갈 수 있는 가장 어려운 길에 들어섰다. 그것은 정직과 사랑의 길이다. 우리는 이 길을 끝까지 걸어가야 한다. 그러면 승리를 거두게 되리라. 또 그런다면 이 기나긴 전쟁과 패배의 고통은 훌륭한 가치를 지닌 미래를 보장해 줄 것이며, 병환이나 상처가 아니라 우리의 재산과 긍지로 남게 될 터다.

사랑을 별로 믿지 않고 곳곳에서 불신과 마주치는 까닭에, 사랑의 길을 나아가는 일은 결코 쉽지 않다. 그러한 사실을 우리는 새로운 길의 초입에서부터 깨닫는다. 적들은, 우리더러 붉은 깃발 아래로 도망쳤다고 말한다. 그들은 우리가 행동의 결과를 책임지기 싫어서 그런다고 이야기한다. 우리의 진심을 적들에게 말로 증명할 수 있는지, 하는 문제는 사실 중요하지 않다. 정직과 사랑을 가지고 천천히, 그들이 항의하지 않을 수 있도록 대해야 한다. 우리 민족과 적국의 민족은 수없이 대화해 왔지만, 진심에서 우러나지 않은 인류애, 흉내뿐인 민족 간의 연대와 형제애만을 나눠 왔을 따름이다. 모든 민족들이 함께 만드는 공동의 작업, 예컨대 무력 증강의 포기 같은 발상은 반드시 진지하고 굳은 의지에서 나와야 하며, 결코 변해서는 안 된다.

우리는 패자(敗者)의 역할과 그에 따른 과제를 안고 있다. 이 역할은 지상의 모든 불행한 자들이 겪어야만 하는, 유구하고 성스러운 과제다. 그것은 자신의 운명을 견뎌 내는 일이며, 심지어 그 운명을 온전히 자기 내면화해야 하는 과정이다. 그리하여 자신과 운명을 하나로 하고, 불행을 구름 위에서 돌연 떨어진 낯선 운명으로 여기지 않으며, 그 불행이 바로 내 것이 될 때까지, 또 운명이 우리 존재의 껍질을 뚫고 들어올 때까지, 급기야 그것이 내 생각을 주도할 때까지 받아들여야 한다.

그릇된 수치심은 우리가 운명과 하나 되는 일을 방해한다.(하지만 운명과 하나 되는 것만이 운명을 극복할 수 있는 유일한 방법이다.) 우리는 아무도 가진 바 없는 영웅 정신을 발휘하도록 강요받는 데에 익숙하다. 승리했을 때, 영웅주의는 굉장히 멋있어 보인다. 그러나 패배하여 자신의 상황을 인식해야 하거나 스스로를 반성할 힘이 필요하게 될 때면, 영웅주의는 적대적이고 위험하며 사람을 무력화시키는 위력을 발휘한다. 그러면 영웅주의는 본래 모습인 몰록[28]이 된다. 우리의 수많은 형제들을 희생시키고, 몇 년 동안이나 세상을 광기 어린 신처럼 지배했던 이 영웅주의가 더 이상 우리의 이상이나 지도자가 되어서는 안 된다.

그렇다, 지금 우리는 한 걸음 내딛고 있으며, 정의와 사랑이라는 이 힘겹고 외로운 길을 계속, 끝까지 걸어가야만 한

---

28 고대 가나안과 페니키아 지역에서 숭배하던 소의 모습을 한 신으로, 산혹한 인신 공양으로 인해 후대엔 악마나 괴물로 취급되었다.

다. 과거의 모습으로 되돌아가고 싶지 않고, 돌아가서도 안 된다. 과거에 우리는 막대한 돈과 대포를 가졌고, 그것의 지배를 받는 강한 민족이었다. 설령 우리가 그 힘의 길을 걸음으로써 옛 권력을 되찾고 세계를 지배하게 될지라도, 절대 우리는 다시 그 같은 길로 나아가서는 안 된다. 아예 추파조차 던져서는 안 된다. 그러지 않으면 최근 우리가 극도의 위기감과 절망적인 자기 인식으로부터 획득한 교훈에 뺨을 때리는 꼴이 될 터다. 만약 우리의 혁명이 운명의 일부를 회피하려고 살그머니 시도한 탈선에 불과하다면, 그러한 혁명은 아무 쓸모도 없으리라.

결코 그럴 수는 없다. 그렇다, 의도하지 않은 이 놀랍고 갑작스러운 변화는 절대 두뇌나 계산된 행동에서 나온 것이 아니다. 수백만의 우리 가슴에서 우러나온 것이다. 가슴에서 나오는 것은 모두 진정하며, 꾸준히 지속된다. 효과만을 좇는 것, 연극 같은 일, 히스테리적인 영웅주의에, 우리 모두 맞서도록 하자. 부당하게 벌받고 있다고 생각하는 반항아 역할은 이제 그만두고, 우리에게 심판자 역할을 하는 자들의 권리를 가져와서 내면화하는 일에 매진하자. 우리 적들이 그런 끔찍한 권리를 가질 만한 자격이 있는지, 하는 문제는 우리와 전혀 상관없다. 운명은 신에게서 나오는 것이다. 운명을 고결하고, 성스럽고, 현명한 것으로 인정하자. 운명을 따르는 방법을 배우지 못한다면, 우리는 패배하고 말 터다. 그러면 우리는 불가피한 운명을 인내하는 고귀한 패배자가 아니라, 단지 치욕스럽게 나동그라진 존재가 될 뿐이다.

정의는 훌륭하지만 사랑이 없다면 무가치하다. 사랑이란 괴로움 속의 의연함, 모든 것을 이해하고 모든 것에게 미소 지을 수 있는 능력이다. 우리 자신과 우리 운명에 대한 사랑, 불가해한 운명이 우리에게 바라고 우리들에게 계획한 바를, 아직 파악하거나 이해할 수 없을지라도, 그 같은 운명을 진심으로 깨닫는 것이야말로 우리의 목표다. 언젠가 러시아와 오스트리아의 국민들도 우리와 함께 이 길을 걸어가게 될 터다. 지금 우리에게 필요한 것은, 이제 막 들어선 이 길을 계속 나아가려는 의지와 결단력이다.

우리의 운명을 완성하고 새로운 것을 기꺼이 맞아들이고자 하는 의지에서, 우리의 고통과 고통당한 인간성의 소박한 부름에 대한 신뢰에서, 수많은 다른 힘이 새로이 자라날 것이다. 모든 운명을 오롯이 자신의 것으로 받아들인 사람은 하나하나 세심히 들여다볼 수 있는 더 밝은 시야를 가지게 되리라. 과거의 행복한 복음이 전하는 '착한 의지'는, 우리 가난한 사람들에게 빈곤을 견디는 길을 알려 줄 것이다. 그리고 사업가들에겐 이기적인 자본주의로부터 인간적인 노동의 길을 찾을 수 있도록 도와줄 것이다. 그러한 선한 의지는, 또한 외국에서 근무하는 우리의 젊은 외교관들로 하여금 과거의 기만적인 행태 대신에 새롭고 품위 있는 방식으로 우리 모두의 의지를 대변하도록 해 줄 것이다. 그런 의지는 우리의 작가들, 예술가들을 통해, 그리고 우리의 모든 행위를 통해 소리 없이 천천히, 그럼에도 무엇 하나 남김없이 우리가 세상에서 잃어버렸던 신뢰와 사랑을 되찾도록 해 줄 것이다.

(1918)

나쁜 시*

10살 무렵, 어느 날 수업 시간에 시를 한 편 읽었는데, 아마 제목이 「슈페크바허[29]의 아들(Speckbachers Söhnlein)」이었던 것 같다. 영웅적인 어린 소년에 관한 시였는데, 총알이 빗발치는 전쟁터에서 포탄을 나른 대단한 인물이었다. 우리 소년들은 그 시에 푹 빠졌고, 이에 선생님은 약간 반어적인 말투로 '이 시가 좋은 시일까?'라고 물었다. 우리 모두는 우렁차게 '네!'라고 대답했다. 그러자 선생님은 미소를 띤 채 고개를

---

* 헤세는 한동안 자신에게 시를 평가하는 확실한 기준이 있다고 생각했지만, 이제는 그렇지 않다고 말한다. 나쁜 시라고 생각했던 시들이 오히려 천진하고 매혹적으로 보이는 한편, 아름답다고 여겨 온 시들이 따분하게 느껴졌기 때문이다. 독자를 의식한 아름다운 시는 달콤한 사탕 같은 것으로, 자체적으로 검열한 까닭에 유순하고 고루하다. 나쁜 시일지라도 진심에서 우러나오는 시를 한 번 써 보는 것이, 유명하고 아름다운 시를 읽는 것보다 더 행복한 일이라고, 헤세는 말한다.

29 Joseph Speckbacher(1767~1820). 오스트리아 티롤 출신의 인물로, 정규 교육은 받지 못했지만 티롤의 독립을 위해 수차례 봉기했다. 오늘날에도 교과서에 자주 실리는 애국 시인이다.

저으면서, '아니야, 이건 나쁜 시란다.'라고 말했다. 그의 말이 옳았다. 그 시는 우리 시대와 예술 규범, 취향에 맞지 않았고, 고상하거나 순수하지도 않은 졸작이었다. 그럼에도 우리 소년들은 엄청난 감동의 물결에 사로잡혔다.

십 년 뒤, 스무 살 무렵에 나는 어떤 시든 한 번 읽으면 좋은 시인지 나쁜 시인지 주저 없이 말할 만큼 자신이 있었던 듯하다. 그보다 쉬운 일은 없었다. 딱 한 번 읽고 두 줄 정도 중얼거리기만 해도 충분했다.

그 후로 다시 이십 년이 흘렀고, 많은 시들이 내 눈과 손을 거쳐 갔다. 그러나 요즘엔 누군가 나한테 시를 보내 평가를 부탁해 오면 자신이 없다. 내게 시를 보여 주는 사람들이 종종 있는데, 그중 대개는 자기 작품을 펴내 줄 출판사를 찾아보고자 '평'을 받으려 하는 젊은이들이다. 이 젊은 시인들은 이 방면에 잔뼈 굵어 보이는, 꽤 나이 든 동료인 내가 능숙하기는커녕 자신감 없이 이 시, 저 시를 뒤적이다가 한 마디 평도 쓰지 못하는 모습을 보고 놀라서 실망한다. 스무 살 적이면 자신만만하게 이 분 내로 해치웠을 텐데, 이제는 힘든 정도가 아니라 불가능한 일이 되었다. (젊은 시절에는 세월이 흐르면 저절로 능숙해지는 줄 알았다. 그런데 그 일은 결코 저절로 이뤄지는 게 아니다. 뭔가 능숙해지는 데에 뛰어난 재능이 있어서, 어머니 뱃속부터 타고나지는 않았더라도, 학창 시절부터 일찌감치 능숙함을 발휘하는 사람들이 있다. 그런가 하면 나처럼 40년, 60년, 100년을 살아도 죽을 때까지 '능숙함'이 무엇인지, 또 그것을 제대로 습득하지도, 이해하지도 못하는 사람마저 있다.)

스무 살 때, 그토록 자신 있게 시를 판단할 수 있었던 까닭은 내가 당시에 특정한 시와 시인들을 유난히, 배타적으로 좋아했기 때문이다. 그래서 어떤 책이나 시든 곧바로 내가 좋아하는 것들과 비교했다. 좋아하는 시와 비슷하면 좋다고 인정하고, 그렇지 않으면 나는 그 가치를 의심하곤 했다.

물론 여태껏 내겐 유달리 좋아하는 시인이 있고, 그중 몇몇은 예전부터 변함없이 좋아하고 있다. 하지만 더는 그런 시인을 떠오르게 하는 시의 음조(音調)를 조금도 신뢰하지 않는다.

지금 나는 일반적인 시나 시인들이 아니라 오직 '나쁜' 시, 이를테면 오직 그 시를 쓴 시인에게만 의미가 있을 뿐, 다른 이들에겐 그저 그렇고, 별 가치 없고, 필요도 없는 시에 관해 이야기하려 한다. 나는 오랫동안 이런 시들을 적잖이 읽어 왔고, 예전엔 이런 시들이 나쁘다는 것, 그리고 나쁜 이유마저 잘 알고 있었다. 그런데 이제 더는 자신이 없다. 모든 습관이나 학문과 마찬가지로 확신이나 지식 역시 언젠가부터 의심스러워지기 시작했다. 허점이 발견되고, 마음에 거부감을 불러일으켜서, 이제는 지식이 아니라 고물(故物), 시대에 뒤떨어져 더 이상 과거의 가치를 찾아볼 수 없는 유물이 되고 말았다.

요즘 내게는 의심할 바 없이 '나쁜' 시들을 인정하고 칭찬해 줄 마음이 생겼다. 그런 반면, 훌륭하다고 여겨지는 최고의 시들이 종종 의심스럽다. 교수, 고위 공무원, 미친 사람에 대한 감정도 마찬가지다. 일반적으로 공무원 같은 사람이라면 흠잡을 데 없는 시민, 하느님의 선량한 자손, 유용하고 확실한 사회 구성원으로 보일 터다. 한편 우리는 미친 사람을 불쌍한 인간, 불행한 환자, 가엾 안내해 주고 가엾게 여기면서 아무 가치도 없는 사람이라고 생각한다. 그런데 얼마간 교수나 미친 사람을 유난히 많이 상대하다 보면, 갑자기 그와 반대되는 생각이 떠오른다. 그럴 때면 정작 미친 사람이야말로 조용하게, 자족하며 살아가는 행복한 사람, 지혜로운 인간, 신의 사랑을 받는 자, 자신을 신뢰하며 스스로에게 만족하는 개성 있는 존재로 보이곤 한다. 이들에 비하면 교수나 고위 공무원은 그냥 없어도 괜찮은 사람, 평범한 인물, 존재감이 전혀 없는, 체스 말 중의 하나 같은 존재로 보인다.

나쁜 시들에 대해서도 이따금 비슷한 생각을 한다. 불현듯이 그 시들이 오로지 나쁘게만 보이지 않고, 심지어 향기마저 느낀다. 그리고 그 시가 가진 약점과 눈에 띄는 결점이 오히려 감동적이고 독창적이며 사랑스럽고 매혹적으로 다가온다. 그런 반면, 평소에 사랑하던 시를 읽노라면 맥이 빠지고 틀에 맞춘 듯 어색하게 느껴진다.

요즘 젊은 시인들의 일부 작품에서 우리는 이와 매우 비슷한 현상을 본다. 그들은 결코 '좋은' 시를 쓰지 않는다. 그들 중 한 사람, 예컨대 베르펠[30]의 경우엔 때때로 아직 과거의 기억을 간직하고 있는 스스로를 망각하고, 낯선 시어(詩語)를 지난 시대의 고전적 직물 속에서 현란하게 굴리는 까닭에 읽는 이로 하여금 이상한 기분에 사로잡히게 하거나 당황하게 한다. 젊은이들은 그런 것을 탈선으로 여기지 않으므로 이미 아름다운 시는 충분히 많다고, 자기들은 예쁜 시를 써서 기성세대가 시작한 인내의 게임을 이어 가기 위해 태어난 것도, 세상

---

30 Franz Werfel(1890~1945). 오스트리아 유대계 작가로, 표현주의 작가들에게 커다란 영향을 주었다. 대표작으로 『베르나데트의 노래』, 『거울 인간』 등이 있다.

에 존재하는 것도 아니라고 말한다. 그들의 입장은 전적으로 옳은 듯싶다. 예전 같았으면 형편없다고 지탄받았을 법한 시들 중에 굉장한 감동을 주는 시가 요즘에는 적잖다.

그 이유를 찾기란 쉽다. 한 편의 시가 탄생하는 데에는 너무도 명백한 의미가 있다. 시는 영혼이 감정의 파도에 맞서거나 스스로 의식하고자 할 때 나타나는 분출이며, 외침, 아우성, 탄식, 몸짓, 반응이다. 어떤 시든 이렇듯 원초적이고 근원적인 기능을 생각하면 감히 판단할 수 없다. 시는 시인 자신을 향한 것이자, 그의 외침, 그의 꿈, 그의 주먹질, 그의 미소다. 어느 누가 간밤의 꿈을 미적 가치로 논하며, 우리의 손짓과 고갯짓, 몸짓과 걸음걸이를 합목적성에 비춰 따질 수 있겠는가? 손가락을 입에 문 젖먹이 아기도 펜대 굴리는 작가나 날개를 활짝 편 공작새에 못지않게 똑똑하고 정당하다. 누가 더 낫고, 누가 더 옳고, 누구는 못하거나 그르다고 할 수 없는 것이다.

종종 어떤 시는 시인을 자유롭게 해 줄 뿐 아니라, 다른 사람을 기쁘게 하거나 감동시키기도 한다. 그런 시는 아름답다. 아마도 많은 사람들에게 공통된 것, 가능한 모든 것이 표현된 경우에 그러지 않을까 하지만, 단언할 수는 없다.

그런데 바로 여기에서 기묘한 악순환이 시작된다. '아름다운' 시가 시인을 사랑받게 하니까 자꾸 그러한 시들이 쏟아져 나오는 것이다. 그런 시들은 오직 아름다워지는 데에만 몰두하므로, 시의 근원적이고 원초적이며, 성스럽도록 순수한 기능을 고려하지 않는다. 그런 시들은 더 이상 영혼의 꿈, 외침, 고통과 행복의 폭발, 환상과 마술의 형상에 대한 중얼거림, 현자의 몸짓이나 광인의 껑그림을 담아내지 못하는, 오직 독자를 위한 사탕일 뿐이다. 단지 팔기 위해, 구매자들이 기쁘고 행복하게 즐길 수 있도록 만들어진 상품이다. 바로 이런 시들이 박수를 받는다. 이런 시는 골똘히 생각하게 하거나 진중히 몰입하게 하지 않으며, 괴로움과 전율도 안겨 주지 않는다. 그저 아름답고 정연한 리듬을 유지한 채 편안하게, 어느 한 군데 상처 입지 않고 모두 함께 즐길 수 있다.

'아름다운' 시는, 앞서 언급한 비유를 반복하자면, 교수나 고위 공무원과 같다. 반면, 나쁜 시는 미친 사람이라 할 수 있다. 이따금 너무 정확히 판에 박힌 세상에 진절머리가 나면 가로등을 박살 내거나 사원에 불을 지르고 싶은 충동이 인다. 그런 날이면 이 '아름다운' 시들이, 신성한 거장(巨匠)들의 작품조차, 마치 어느 정도 검열을 거친 듯, 거세된 듯, 또 몹시 지당하고, 무척 유순하며, 너무나 고루하게 느껴진다. 그럴 때면 나쁜 시에 마음이 끌린다. 그런 순간엔 어떤 시도 전혀 나쁘게 느껴지지 않는다.

그렇지만 여기에도 환멸이 도사리고 있다. 나쁜 시를 읽는 즐거움은 오래가지 못하는 까닭에 단기간에 끝나 버린다. 그러니 읽을 필요가 있을까? 누구든 나쁜 시를 써 보면 어떨까? 한번 그렇게 해 보라. 그러면 나쁜 시를 쓰는 것이 가장 아름다운 시를 읽는 것보다 훨씬 더 행복하다는 사실을 깨닫게 될 것이다.

(1918)

마르틴의 일기*

내 생애에서 그저께는 매우 중요한 날이었다. 처음으로 나는 여태 전혀 알지 못했던 것을 체험하고 느꼈는데, 그것은 내가 평생 탐색하고 예감해 온 것이었다.

그것은 꿈과 관련이 있다. 나는 항상 꿈에 관심이 많았고, 아침에 정신을 차리면 덧없이 금세 사라져 버리고 수줍게 달아나 버리는 꿈이 놀랍고 슬펐다. 침대에서 일어날 때마다 나는 마음속에 새로운 기분, 뭔가 아름다운 것, 다른 것, 전혀 새로운 것, 섬세함, 사랑스러움, 기이함, 재기 넘치는 어떤 것을 느꼈다. 나와 전 세계 사이에 새로운 관계가 열리고, 내게 새로운 인식이 생기는 것 같았다. 또 그것은 지난날에 얻은 일상적 감각의 인식을 새롭게 연결하고, 증명하고, 변화시켰다. 장미 향기를 맡고 손으로 만져 보던 맹인이 갑자기 눈을 떠서 꽃의 시각적 형상을 알게 된다면 아마 이와 비슷한 감정을 느낄

---

* 마르틴 헤세(Martin Hesse, 1911~1968)는 헤세의 셋째 아들이다. 사진작가로 활동한 마르틴은 헤르만 헤세의 모습을 많이 촬영했다.

터였다. 나는 시각, 촉각, 청각, 후각, 미각 이외의 것들, 다른 감각이나 인식 능력을 감지하고 발견하기도 했다. 그 뒤로 생각에 잠겨 종종 밤에 꾸었던 꿈이나 그 잔재를 떠올리면, 마치 날아갈 듯했다. 굳이 부르거나 손짓하지 않아도 곁에 둘 수 있는 애인이 생겼는데, 그녀는 내 영혼의 어떤 움직임에도 항상 다정하고 흘러넘치게 감동하며 나를 따라다녔다. 나는 공기를 와인처럼 마실 수 있었고, 물속에서도 대기 속에 자리하듯 자유롭게 호흡할 수 있었다.

비밀스럽고 유혹적으로, 꿈에 대한 기억과 함께 과거에 헤어진 것, 다시 돌이킬 수 없는 것에 대한 새로운 감각이 다시 한 번 흐릿한 광채와 함께 떠올랐다. 여러 생각이 뒤를 이었고, 그러다가 완전히 깨어나 의식을 차리면, 꿈이나 꿈의 행복은 더 아득하고, 더욱 비현실적인 것이 되었다. 그리하여 침대를 빠져나올 때면 모든 것은 거의 다 사라지고, 양심의 가책 같은 묘한 감정, 무언가를 분실했거나 도둑맞은 것 같은 가벼운 불안감만이 남았다. 마치 어리석은 일을 저지른 것 같은, 나 자신에게 상처를 주고 자신을 속인 듯한 기분이었다.

그럴 때면 나는 꿈을 기만이라 고발하거나 무시해야 한다고 생각했다. 하지만 실상은 정반대였다. 꿈을 꾸는 것은 소중한 일로, 꿈을 버리거나 정리하거나 비난하는 것은 어리석은 짓, 해로운 짓이었다. 나는 수차례 그런 깨달음에 도달했고, 마치 포획한 새처럼 깨달음이 내 손안에서 파닥이고 있음을 느꼈지만, 금세 그런 깨달음을 망각하고 어느덧 초라한 신세로 되돌아와 있었다. 그러나 지금 나는 새로운 각성, 일종의 경험을 내 두 손에 꽉 움켜쥐고 있다.

혼자 생각하고 궁리해 낸 이런 것들엔 굳이 이야기할 가치가 없을지도 모른다. 하지만 나이 들고 살아오면서 느꼈던 소소한 만족으로부터 자꾸 김이 새어 나갈수록, 기쁨이나 삶의 원천을 찾아야만 한다는 생각은 한결 분명해졌다. 사랑받는다는 것은 아무것도 아니고, 사랑하는 것이 전부임을 나는 알게 되었다. 우리의 존재를 소중하고 즐겁게 해 주는 것은 오직 감각, 감정이라는 생각을 품게 되었다. 내가 '행복'이라 부를 수 있는 무언가를 지상에서 보았다면, 그것은 감정으로 이루어진 것이었다. 재물은 아무것도 아니고, 권력도 아무것도 아니었다. 두 가지를 다 가지고도 비참한 사람을, 우리는 많이 보았다. 아름다움도 아무것도 아니다. 온갖 아름다움을 모두 갖춘 아름다운 사람들이 비참하게 살아가는 모습을 보았다. 건강 역시 중요하지 않다. 누구나 자기가 느끼는 만큼 건강할 따름이다. 어떤 환자는 마지막 순간까지 삶의 의욕으로 활짝 피어나지만, 어떤 사람은 건강한데도 고통에 대한 공포로 불안 속에서 시들어 간다. 활기찬 감정으로, 감정에 따라 살면서 그것을 몰아내거나 억누르지 않고 잘 가꾸고 즐길 수만 있다면, 행복은 어디에나 있다. 아름다움은 그것을 소유한 사람이 아니라, 아름다움을 사랑하고 숭배할 수 있는 사람을 행복하게 한다.

많은 종류의 감정들이 있는 듯 보이지만 근본적으로는 하나. 사람들은 모든 감정을 의지, 또는 다른 이름으로 부르곤 하는데, 나는 그것을 사랑이라 하겠다. 행복은 사랑이며, 결코 다른 것이 아니다. 사랑할 수 있는 자는 행복하다. 우리들 영혼의 모든 움직임은 사랑이며, 영혼은 사랑 안에서 스스로를, 그리고 생명을 느낀다. 넉넉히 사랑할 수 있는 자는 행복하다. 그런데 사랑과 욕망은 완전히 같은 것이 아니다. 더욱 지혜로워진 욕망이 사랑이다. 사랑은 소유하려 하지 않는다. 사랑은 사랑하려고만 한다. 그래서 세상에 대한 사랑을 사상이라는 그물로 저울질하는 철학자, 세상을 사랑의 그물로 계속 새롭게 엮어 내는 철학자들 또한 행복하다. 하지만 나는 철학자가 아니다. 윤리나 도덕의 길에서 어떤 행복도 얻을 수 없는 까닭이다. 자신의 내면에서 느끼고 발견해 내는 도덕만이 나를 행복하게 함을 알기 때문이다. 낯선 도덕을 어떻게 나 자신의 것으로 소유할 수 있겠는가! 내가 알기로 예수가 가르쳤든 괴테가 가르쳤든, 세상은 사랑의 계율을 완전히 오해했다. 그것은 계율이 아니다. 계율이란 원래 존재하지 않는다. 모름지기 계율이란 인식한 자가 인식하지 못하는 자에게 전하는 진리며, 인식하지 못한 자가 파악하고 느끼는 진리. 계율은 진리를 잘못 파악한 것이다. 행복은 오직 사랑을 통해서만 온다는 사실이야말로 모든 지혜의 기반이다. '네 이웃을 사랑하라!'라고 말할 때, 그것은 이미 변조된 가르침이다. '네 이웃을 사랑하듯 너 자신을 사랑하라!'라고 말하는 편이 훨씬 더 옳을 것이다. 항상 이웃에게서 시작하려는 전제부터 본디 잘못된 것이라고 생각한다.

우리 내부의 심연은 행복을, 외부의 대상과 훌륭한 화음을 갈망한다. 이 음(音)은 사물과 우리의 관계가 사랑이 아닐 때 방해받는다. 사랑의 의무란 없다, 행복해야 할 의무만이 있을 뿐이다. 우리는 행복하기 위해서 세상에 존재한다. 온갖 의무, 도덕, 계율로 서로 간의 행복을 만들기는 어렵다. 그런 것으로는 자신을 행복하게 할 수 없기 때문이다. 사람이 '선할 수' 있음은 행복할 때에만, 내면이 조화를 이룰 때에만 가능하다. 요컨대 사랑할 때에만 그러한 것이다.

세상의 불행이나 나의 불행은 사랑이 방해받을 때 생겨난다. 이 순간 불현듯이, "너희가 어린아이처럼 되어야", 또는 "하느님의 나라는 너희 안에 있다."라는 신약 성경의 구절이 새삼 참되고 심오하게 다가온다.

이것이 세상의 가르침, 유일한 가르침이다. 예수가 그 말을 했고, 부처가 그 말을 했으며, 헤겔도 그 말을 했다. 모두들 자신의 신학 속에서 그렇게 말했다. 우리 세상에서 누구한테나 중요한 단 한 가지 것이 있다면, 바로 자신의 내면, 영혼, 사랑의 능력이다. 그것이 제대로 존재할 때, 기장을 먹든 케이크를 먹든, 누더기를 걸치든 보석을 걸치든, 세상은 영혼과 완전히 조화를 이루고 더 나아지며 최고가 된다.

인간은 그 어떤 것도 자신만큼 사랑할 수 없다. 또 그 어떤 것도 자신만큼 두려워할 수 없다. 그래서 원시 인간들은 그것을 다른 뭔가에 떠넘기기 위해 신화, 계율, 종교 같은 허위적인 구조를 만들어 냈다. 이러한 허위에 따르면, 자신에 대한 저마다의 사랑은 본디 삶이 존재하는 토대임에도 불구하고, 금기로 간주되거나 비밀에 부쳐지고 감추어졌다. 다른 사람을 사랑하는 것이 스스로를 사랑하는 것보다 더 훌륭하고 윤리적인 것, 더 고상한 것으로 여겨져 왔다. 자기애는 기본적 욕구이지만, 자기애 곁에선 이웃 사랑이 결코 제대로 번창할 수 없는 까닭에 사람들은 자기애와 더불어 위장되고 고양되고 양식화된 이웃 사랑을 고안해 냈다. 그리하여 가족과 부족, 마을, 종교 공동체, 민족, 국가는 신성한 대상이 되었다. 인간은 자신을 위해선 사소한 윤리 규범조차 어기면 안 되지만, 공동체나 민족, 조국을 위해서는 무슨 짓이든, 아무리 끔찍한 일일지라도 뭐든 용인받을 수 있었다. 심지어 엄격히 금지된 일이 의무이자 영웅적 행동으로 간주되기도 했다. 지금껏 인류는 그런 식으로 존속해 왔다. 하지만 시간이 흐르면 민족의 우상 역시 무너지기 마련이다. 어쩌면 전 인류를 향한 새로운 사랑 속에서 원시적 가르침이 또다시 출현할지도 모를 일이다.

그런 깨달음은 서서히 나타나서, 마치 소용돌이치듯이 사람들을 차츰 그 경지로 인도해 줄 터다. 그러면 우리는 도약하여 한순간에 깨달음에 다다르게 되리라.

그러나 깨달음은 아직 삶이 아니고, 삶에 이르는 길일 따름이다. 어떤 사람은 영원히 길에 머물기도 한다. 나 역시 그 길을 예감했고, 그 길을 분명히 안다고 생각했지만 단 한 번도 그 길을 제대로 밟아 본 적이 없다. 발전과 퇴보, 열성과 불만, 믿음과 실망뿐이었다. 추측하건대, 계속 그럴 것만 같다.

그제 이후로, 나는 한 걸음 더 나아갔다. 그래서 평소에 달아나 버린다고 여겼던 무언가를, 황금 새처럼 멀리 날아간다고 생각했던 그 무언가를 붙잡는 일에, 잠시나마 내 것으로 만드는 일에, 처음으로 성공했다.

나는 이러한 체험을 했다. 나는 그저께 난생처음 밤에 꾼 꿈의 의미, 행복, 본질, 가르침을 밝은 낮으로 데려왔다. 예전엔 꿈에서만 가졌던 세상에 대한 관계를 오래도록 간직할 수 있었다. 여러 시간 동안 나는 여태껏 낮에 가지지 못했던 능력을 소유했다.

그 일을 말하지 않도록 나는 조심할 것이다. 이러한 최초의 체험은 손에 쥔 채 생각이나 말, 잉크로 더럽히기에는 너무나 사랑스럽고, 섬세하고, 신성하고, 찬란하고, 몹시도 신비롭도록 귀중하다.

그 체험은 어제도, 오늘도 되풀이되었다. 나는 그것이 백

번, 천 번, 날마다 되풀이되기를 바란다. 그것이 비밀이나 기적이 아닌 낮과 자연이 되기를, 내 것으로 체화(體化)되기를 바란다.

(1918)

어느 젊은 독일인에게 쓴 편지*

당신은 절망에 빠져 무슨 일을 해야 할지, 무엇을 믿어야 할지, 어떤 희망을 가져야 할지 모르겠다고 편지에 썼습니다. 또 신이 존재하는지, 존재하지 않는지조차 모르겠다고 했습니다. 인생에 무슨 의미가 있는지, 조국이 무슨 소용인지, 정신적 자산(資産)을 애써 함양하는 편이 나을지, 아니면 세상 전부가 역겨우니 그냥 배나 채우면서 사는 편이 더 나은지, 모르겠다고 했습니다.

내가 보기에, 당신의 마음 상태는 완전히 정상입니다. 신

---

* 1919년 9월, 헤세가 《노이에 취리허 차이퉁》에 발표한 글로, 교회와 황제와 군대에 대한 믿음, 선과 악에 대한 신념이 무너진 '신 없는' 사회에 남겨진, 패전 독일의 청년들에게 건네는 말이다. 유죄와 무죄, 선과 악 따위로 세상사를 구분하는 이분법은 어린아이들이나 하는 단순한 생각이며, 그런 사실을 깨닫는 것이야말로 새로운 신의 세계로 들어가는 첫 단계라고, 헤세는 이야기한다. 새로운 신은 저마다의 내면에서 스스로 발견해야 하는 것이다. 그리고 이 글과 다음의 글 사이에는 시간의 격차가 있다. 1933년에 히틀러가 집권했고, 헤세는 2차 세계대전(1939~1945) 동안 계속 스위스에 거주하면서 푸른 후위 사업을 벌였다. 헤세의 책은 1945년까지 독일에서 출간 금지를 당했다.

의 존재 여부를 모르는 것, 선과 악의 경계를 모르는 것이, 그런 것들을 명확히 안다고 여기는 것보다 훨씬 낫습니다. 아마 기억할 테지만, 당신은 오 년 전에 신이 있다고 확실히 믿었으며, 무엇이 선이고 악인지도 분명히 구별할 수 있었습니다. 그래서 선(善)이라 생각한 바를 실천하기 위해 전쟁에 지원했지요. 그 뒤로 오 년 동안, 당신 젊음의 가장 아름다운 시절을 그 선을 행하는 데에 할애했습니다. 총을 쏘고, 돌격하고, 허송세월하고, 전우를 매장하고 또 그들에게 붕대를 감아 주었습니다. 그러는 사이에 서서히 선을 의심하기 시작했고, 당신이 지금껏 행한 그 선행이 오히려 악행은 아닌지, 어리석고 무의미한 짓은 아닌지, 이따금 불신하게 되었습니다.

그렇습니다. 그 당시에 당신이 그토록 잘 안다고 생각했던 선은 진정한 선, 온전한 선, 시간을 초월한 선이 아니었습니다. 그리고 그 당시에 당신이 알던 신은 결코 올바른 신이 아니었습니다. 그 신은 종교청과 전쟁을 찬양하는 시인들의 신이었고, 독일 국기의 검정, 하양, 빨강[31]을 가장 선호하는 신이었던 데다, 점잖게 대포 위에 올라앉아 있던 신이었습니다. 그 신은 강력하고 거대한 신으로, 여호와보다 더 대단한 신이었고, 그를 기리기 위해 수십만 명의 복부가 갈라지고 수십만 명의 폐가 갈가리 찢겼습니다. 그 신은 요괴나 우상보다 더 피에 굶주려 있었고, 무수한 희생자들이 피 흘리며 죽어 가는 동안 우리의 성직자들과 신학자들은 편안히 찬송하고 있었습니다. 그리하여 우리의 비참한 영혼에, 초라하고 영혼 없는 교회에 겨우 잔재하던 종교는 완전히 사라지고 말았습니

---

31 독일 제국 시기엔 검정, 하양, 빨강으로 구성된 삼색기를 사용했다.

다. 그 사 년에 이르는 전쟁 기간 동안, 우리의 신학자들이 그들의 종교를, 그들만의 기독교를 어떻게 매장시켰는지 생각해 보고 놀란 적은 없나요? 그들은 사랑에 헌신한다며 증오를 설교했고, 모든 인류를 위한다면서 그저 자기들에게 월급을 주는 관청만을 인류라 착각해 왔습니다. (물론 전부 다 그러하지는 않았을 테지만, 적어도 그들의 대표들은) 교활하고 그럴싸한 말로 전쟁과 기독교가 서로 잘 어울리며, 훌륭한 기독교인이라면 용감하게 총을 쏘고 칼을 휘두를 수 있다고 역설했습니다. 하지만 그런 일은 불가능합니다. 만약 우리의 교회가 황제나 군대에 봉사하는 교회가 아니라 하느님의 교회였다면, 우리는 전쟁의 화마 속에서 진정으로 필요한 것, 즉 인류를 위한 피난처, 황폐한 영혼을 위한 성전, 절제와 지혜, 인간애와 신앙에 대한 가르침을 받았을 것입니다.

제발 나를 오해하지 마십시오. 내가 어떤 특정인을 비난하려 한다고 오해하지 마십시오. 나는 단지 가르쳐 주고 싶을 뿐, 고발하려는 것이 아닙니다. 사람들은 소리치고 고자질하고 미워하는 데에만 익숙해서 우리가 하는 일을 잘 이해하지 못합니다. 이 시대의 사람들은 누구나, 상황이 나빠지면 다른 사람에게 책임을 전가하는 끔찍한 재주를 배웠습니다. 나는 다만 그런 것에 맞서 싸우고, 그런 나쁜 버릇을 비난하려는 것뿐입니다. 우리의 믿음이 너무 나약했고, 우리의 군주가 너무 잔인한 신을 받들었으며, 또 우리가 전쟁과 평화, 선과 악을 너무 구별할 줄 몰랐다는 데에 우리 모두의 죄가 있고, 동시에 죄가 없기도 합니다. 그런 일에 너와 나, 황제와 성직자, 우리 모두가 동참했으니 서로 비난할 수 없습니다.

어디에서 위안을 찾고, 또 어디에서 새롭고 더 나은 신과 믿음을 찾을 수 있을지 조심스럽게 생각해 보면, 두 번 다시 고립감과 절망 속에서, 외부에서, 공적 출처에서, 성경이나 설교 그리고 황제한테서 깨달음을 구해서는 안 된다는 사실을 분명하게 알 수 있습니다. 나에게서 찾으려 해도 안 됩니다. 그것은 오로지 여러분의 내면에서만 발견할 수 있습니다. 깨달음은 여러분 자신 안에 있으며, 바로 그곳에 1914년의 애국을 장려한 신보다 더 고귀하고 초시간적인 신이 살아 숨 쉬고 있습니다. 모든 시대의 현자들은 끊임없이 그 신의 존재를 알려 왔습니다. 이제 그 신은 책 속이 아닌 우리 자신 안에 있으니, 스스로 자기 내면을 들여다볼 수 있도록 눈을 크게 뜨지 않으면 안 됩니다. 그러지 않으면 신에 대한 지식은 아무 가치도 없습니다. 그 신은 당신 안에 있습니다. 당신들, 이를테면 파멸한 자들, 절망한 자들 내부에 있습니다. 시대의 곤궁함으로 병든 사람은 하찮은 존재가 아닙니다. 과거의 신이나 우상에 더 이상 만족하지 못하는 사람 역시 악한이 아닙니다.

어딘가로 벗어나려 해도, 자신을 찾고 스스로에게 돌아가려 해도, 거기에 필요한 노력을 덜어 줄 만한 예언자나 스승은 만나지 못할 것입니다. 우리 모두와, 독일 민족 전체가 현재 그러한 상황에 처해 있습니다. 우리의 세계는 무너졌고, 자부심은 꺾였으며, 재물은 사라졌고, 친구들은 죽었습니다. 그럼에도 불구하고 지금 우리들 대부분은 또다시, 과거의 나쁜 방식대로 모든 책임을 짊어질 악인을 찾고 있습니다. 우리는 그 악인이 다름 아닌 미국, 클레망소,[32] 혹은 빌헬름 황제라고

---

32 Georges Clemenceau(1841~1929). 1917년에 프랑스 국무 회의 의장으로 임명되어, 1차 세계 대전을 승리로 이끄는 데에 큰 역할을 했다. 파리 강화 회담

고함치며 고발하고 있습니다. 하지만 아무런 소득도 없는 일입니다. 단 한 시간만이라도 이처럼 책임을 떠넘기는 어리석고 유치한 짓을 멈추고, 차라리 스스로에게 이렇게 질문해 보면 어떨까 합니다. '나는 어떤가? 내게도 어느 정도 책임이 있지 않은가? 나 역시 오두방정을 떨거나 염치없이 행동하고, 너무 경솔하게 잘난 척하지는 않았나? 도대체 나는 무슨 연유로, 형편없는 언론이나 민족의 구원자 행세를 하는 자를 함부로 신뢰하고, 너무도 쉽게 무너질 환상을 믿었던 것일까?'

이렇듯 스스로에게 질문하는 시간은 결코 편하지 않습니다. 자신이 나약하고 악하다는 사실을 깨닫고 나면, 왜소하고 초라해지기 마련입니다. 하지만 완전히 쓰러지지는 않습니다. 누구에게도 죄가 없음을 알기 때문입니다. 나쁜 황제도, 나쁜 클레망소도 없으며, 승리의 노래를 부르는 민주주의 국가도, 패배한 야만국도 전부 정당하지 않습니다. 무죄와 유죄, 옳고 그름으로 세상만사를 단순화는 것은 어린아이들이나 하는 생각입니다. 그런 사실을 깨닫는 것이야말로 새로운 신에게 다가서는 첫걸음입니다. 물론, 그것으로 전쟁을 막거나 다시 풍요로운 삶을 누릴 방법까지는 배울 수 없습니다. 우리가 배울 수 있는 것은 단 하나, 우리 모두의 '죄의 문제'는, 우리 모두의 양심의 문제는, 과거의 구세주나 지휘관, 또는 신문 편집장에게 달려 있지 않고, 우리 자신의 마음과 관련 있다는 사실입니다. 이제 우리는 어린아이에서 성인으로 자라날 결심을 해야 합니다. 후대 사람들은 아마도 군함, 비행기, 금전적 손실을 이렇게 바라볼 것입니다. 어린아이가 가지고 놀던 장

을 주재했으며, 이때 독일에 대한 강한 적대감을 드러냈다.

난감을 모두 빼앗기자, 실컷 울며 욕을 쏟아 내더니 마침내 조용한 어른이 되었다고 말입니다. 우리는 이 길을 나아가지 않으면 안 됩니다. 다른 길은 없습니다. 그리고 우리 모두는 이 길에 첫발을 내딛는 일을 오롯이 혼자서, 자신의 마음속에서 행하지 않으면 안 됩니다.

여러분은 니체를 좋아하니, 역사의 공로와 과실을 일러 주는 그의 『반시대적 고찰』[33]을 다시 한 번 읽어 보세요. 붕괴하는 가짜 문명의 목을 비틀고 새로이 시작하는 운명을 맞이한 청춘에 관해 들려주는 그의 목소리에 귀 기울여 보세요. 그러한 청춘이 맞닥뜨릴 운명은 얼마나 가혹하고 쓰디쓸까요. 한편, 또 얼마나 위대하고 신성한가요! 그 청춘이 바로 당신입니다. 다름 아닌 여러분이, 오늘날의 젊은이들이 패전 독일의 청춘입니다. 여러분의 어깨 위에 그 짐이, 여러분의 가슴속에 그 사명이 놓여 있습니다.

하지만 결코 니체의 교훈에, 어떤 예언자나 충고자의 조언에 매달리지는 마십시오. 우리의 임무는, 당신을 가르치거나 당신의 수고를 덜어 주고 장차 나아갈 길을 제시해 주는 것이 아닙니다. 우리의 임무는, 단지 신이, 오직 단 하나의 신이 존재한다는 것, 그리고 그 신은 당신 마음속에 있다는 것, 그러므로 당신은 그곳에서 신을 찾고 그곳에서 신과 이야기하지 않으면 안 된다는 것을 상기시켜 주는 것뿐입니다.

(1919)

---

33 니체의 『반시대적 고찰(Unzeitgemäße Betrachtungen)』의 2부로 추측된다. 2부의 제목은 「삶에 대한 역사의 공로와 과실」(1874)이다.

리기산[34]의 마지막 일기[*]

요즘에 우편은 나를 종종 놀라게 하는데, 어제도 그런 일이 있었다. 독일에서 편지가 온 것이다. 어떤 사람이 슈투트가르트에서 스위스로 오는 길에, 고향 슈바벤의 몇몇 친구들이 쓴 편지를 내게 가져다주었다. 그는 몸소 가져온 편지를 전하면서 회신을 부탁했다. 그것은 낯선 이들에게서 온 우연한 편지가 아니라, 내가 고대하던 친구들의 편지로, 독일의 커다란 걱정거리에 관해서는 아무것도 알 수 없었지만, 독일이 몰락한 뒤 평균을 훨씬 상회하는 독일의 몇몇 지성인들이 체험하고 생각한 바를 처음으로 직접 들을 수 있었다. 내 친구들

---

[*] 알려진 바와 같이 헤세의 외할아버지는 인도에서 활동한 선교사이자 인도학자였고, 아버지 역시 인도에서 선교사로 활동한 바 있다. 이들의 신앙은 독일 정신사에서 중요한 위치를 차지하는 범신론(汎神論), 신비주의, 경건주의가 혼합된 개신교였다. 하지만 헤세는 어린 시절부터 성경과 함께 불경(佛經)을 알았고, 중국의 『도덕경(道德經)』과 『시경(詩經)』, 말년에는 특히 노자에 큰 관심을 가졌다.

34 Rigi. 스위스 중부에 위치한 아름답기로 유명한 산으로, 해발 1797미터에 달한다.

중엔 제3제국[35]의 신봉자나 히틀러의 집권으로 이득을 본 사람이 없다. 그들 모두는 히틀러가 거대한 세력으로 성장해 권력을 장악하는 광경을 목도한 목격자로, 처음부터 심각한 불안에 사로잡혀 있었다. 다수는 힘겨운 고통과 희생을 감수하며 성실함을 지켜 나갔고, 직업과 빵을 잃기도 했다. 그 때문에 감옥에서 고생을 해야 했고, 날이 갈수록 심각해지는 재앙과 포악한 만행을 알면서도 수년 동안 무기력하게 바라보지 않으면 안 되었다. 그들의 심장은 이미 전쟁이 발발한 시점부터 피투성이가 되어 조국에게 패전을, 때때로 자신에겐 죽음을 바랬다. 독일 국민 가운데 이들 계층에 관한 이야기는 아직 글로 쓰인 적이 없고, 그들의 존재 자체가 외국엔 거의 알려지지 않았다. 그들 중 일부는 과거에 자유주의자, 남독의 민주주의 사상가였고, 다른 일부는 가톨릭교도, 대다수는 사회주의자였다.

나는 이들이야말로 유럽에서 가장 고난을 당한, 가장 성숙하고 현명한 사람들이라고 생각한다. 이제 이들 중 일부는 결단과 결의를 가지고, 또 다른 일부는 무의식적이고 본능적인 태도로 단호히 국수주의에 맞서고 있다. 전쟁 중인 프랑스인, 이탈리아인, 굶주리며 고통당하는 네덜란드인, 그리스인, 온갖 시험을 당한 폴란드, 박해받고 가축처럼 붙들려 고문과 죽음의 길로 끌려간 유대인들, 이들 모두는 우리가 상상조차 할 수 없는 고통 속을 헤매면서도 단 한 가지만큼은 잃지 않았는데, 그것은 바로 유대감, 운명의 동행, 전우, 동일 민족의 감정 그리고 소속감이었다. 그러나 독일 국내에 머물던 히틀

---

35 나치 독일을 의미한다.

러 저항자나 희생자는 그러한 것조차 가질 수 없었다. 1933년 전에 저항 조직의 일원이 되었거나, 그때까지 겨우 죽음을 면한 사람들은 모두 예외 없이, 지옥 같은 형무소나 감옥에서 행방불명되고 말았다. 이제 살아남은 사람들은 오로지 조직에 가입하지 않은 양심적이고 이성적인 사람들로, 이들 역시 스파이, 비밀경찰, 밀고자에 의해 더욱 무서운 궁지에서, 나중엔 거의 숨조차 쉴 수 없는 독(毒)과 거짓된 분위기 속에서 허덕이며, 혐오스럽고 이해할 수 없고 악의에 찬 도취에 사로잡힌 국민 대다수를 그저 지켜보는 수밖에 없었다. 십이 년 동안 이어진 이 공포스러운 악몽을 견뎌 낸 대다수의 사람들은 심신에 치명적인 타격을 받았으므로, 독일을 재건하는 데에 적극적으로 참여하고 활약할 능력을 상실한 듯 보인다. 그러나 아직 시작되진 않았지만, 아마 이들은 장차 국민을 정신적, 도덕적으로 각성시키는 일에 공헌할 수 있을 터다. 또한 지난 시대나 국민이 책임져야 할 어떤 것을 환기하는 데에 큰 기여를 할 수도 있다. 양심을 잃지 않는 사람들이 가진 각오와 상처받은 양심이 전쟁 범죄라는 문제를 극복함에 있어 다수 국민들의 피곤한 무감각에 맞서 대처하고 있다.

선량한 모든 독일인들에게는 공통점이 있는데, 바로 민주주의 국가의 국민들이 독일 국민에게 던지는 심리전, 처벌의 훈계에 극도로 민감하다는 사실이다. 주둔군(駐屯軍) 측은 그 점에 착안해서, 그러한 내용의 글과 팸플릿의 일부분을 효과적으로 요약해 선전 자료로 활용했다. 독일의 "집단적 범죄"에 대한 카를 구스타프 융의 글도 그런 식으로 이용되었다. 독일인 중 이러한 말에 귀를 열고 배워야 하는 유일한 계층이 오늘날 예민하게 반응하고 있음은 놀라운 일이다. 그렇다. 훈계는 지당하지만, 전반적인 독일 국민의 마음에까진 전달되지 못하고 있다. 그 대신 오래전에 양심을 깨우친, 훌륭하고 고매한 국민 계층에게만 닿고 있을 뿐이다.

이처럼 훈계라고 할 만한 글로 나는 슈바벤의 친구들을 나무랄 수 없다. 그러기를 포기한다. 나는 그 친구들에 대해서 한 마디도 언급할 수 없다. 파괴되지 않은 따사로운 집 안에 앉아서 매일 굶주릴 걱정 없이 무사태평하게 지내 온 사람, 지난 십 년 동안 화를 내거나 걱정하는 일이 없진 않았지만, 직접 위협받은 적도, 더군다나 폭력을 당한 일조차 없는 사람이, 어찌 모든 시련을 겪은 사람에게 잔소리할 수 있겠는가. 그래도 단지 한 가지, 나는 저쪽에 있는 친구들에게 한마디 충고와 위로의 말을 건넬 수 있을 것 같다. 설령 그 친구들이 다른 모든 점에 있어서 나보다 탁월하다고 하더라도, 이 단 한 가지만큼은 내가 그들보다 경험과 연륜이 있다고 생각한다. 예컨대 내가 국수주의와 결별했다는 점 말이다. 나는 히틀러의 지배 아래에서, 또는 연합군의 폭격 아래에서 그것과 결별한 게 아니라, 이미 예전에, 1914년에서 1918년 사이에 갈라섰다. 그리고 끊임없이 반복해 가며 검토하고 수정해 나갔다. 그래서 나는 슈바벤에 있는 친구들에게 다음과 같이 이야기할 수 있다. "여러분의 편지엔 내가 이해하기 어려운 부분이 하나 있습니다. 그것은 독일 국민에 대해서, 독일인의 죄과에 대해서 언급할 때, 여러분이 품고 있는 분노입니다. 나는 크게 외치고 싶습니다. 국가의 파멸이 가져다준 이 얼마 안 되는 장점을 이번만큼은 헛되게 하지 마십시오. 1918년 당시, 여러분은 나쁜 헌법을 가진 군주제 대신에 자유스러운 공화제를 수립할 수 있었습니다. 지금같이 불행한 도탄에 빠져 허우적대는 와

중에도 무언가 좋은 것을 얻고 체험할 수 있다고 생각합니다. 가령 새로운 발전, 인간 형성의 한 단계를 더 나아가는 것, 이 점에 있어서 여러분은 승전국이나 중립국 국민들보다 한 걸음 앞서 있습니다. 이제 여러분은 오래전부터 마음속으로 증오해 온 모든 국수주의적 망상을 통찰하고 거기서 벗어나야 합니다. 그것을 과감히 시도할 수 있음에도, 아직 충분히 대담하게 도전했다고는 말할 수 없습니다. 아직 철저한 수준에 이르지는 못했습니다. 완벽하게 성장한다면, 장차 여러분은 독일 국민이나 집단의 죄과에 대해 전혀 달리 말하게 될 것입니다. 그러하다면 어느 국민이 던지는 모욕이나 도발에 대해서도 전혀 당황하거나 경악하지 않고 진지하게 귀 기울일 수 있을 것입니다. 여러분이 이 같은 발걸음을 온전히 끝까지 내딛는다면, 소수일 뿐이라도 여러분은 자신에게든 어떤 다른 국민에게든, 또는 인간의 가치에 있어서 더 우월해지고, 한 발자국 더 도(道)에 가까워질 것입니다.

(1945)

아델레에게 쓴 편지*

사랑하는 아디스.[36]

나는 이제 누이에게 편지를 쓰려고 합니다. 이 편지는 누이에게 쓰는 편지인 동시에, 나 자신을 위한 것이기도 합니다. 왜냐하면 누이는 지금 병으로 고생 중이고, 나는 홀로 이곳 언덕 위의 집에서 누이가 전혀 상상할 수 없는 고독에 젖어, 나를 오해하거나 이용할 염려가 없는 사람에게 이야기를 건네고 내 마음을 호소해야 하기 때문입니다. 물론 나는 혼자가 아닙니다. 니논[37]이 있지요. 니논은 성실한 반려자이지만, 그럼에도 긴긴 하루를 견딜 수 없을 때가 많습니다. 니논은 여느

---

* 중립국인 스위스에 거주하면서 전쟁의 참상을 겪지 않은 헤세는 독일로부터 '비겁자'라는 비난을 많이 받았다. 이 글은 전쟁 기간 동안에 연락이 끊겨 생사를 알 수 없는, 독일에 사는 누이 아델레에게 전쟁과 그 후의 상황에 대한 심경을 토로하고, 어린 시절의 공통된 추억을 회상하며 쓴 것이다.

36 Adele Hesse(1875~1949). 헤르만 헤세보다 두 살 연상으로, 이 편지가 쓰이고 삼 년 뒤(1949년)에 사망했다.

37 Ninon Dolbin(1895~1966). 헤세의 세 번째 아내로, 오스트리아 빈에서 고고학과 미술사를 공부했다.

가정의 주부처럼 집안일이 많아서 쩔쩔 맵니다. 그래도 나는 매일 밤 체스를 두거나 책을 낭독해 달라고 부탁합니다.

오늘 아침, 나는 누이에게 편지를 쓰려고 생각했습니다. 누이에게 정다운 인사를 보내고, 지난날의 일을 기억 속으로 불러들이고 싶었습니다. 하지만 요즘엔 이런 일조차 쉽지 않습니다. 우선 나는 누이한테 소식을 듣지 못한 지 오래됐습니다. 내가 아는 바는, 위독한 누이에게 돌봄과 간호가 필요하지만, 그곳에서는 이런 도움을 기대하기가 어렵다는 사실입니다. 나는 누이의 생사도 모릅니다. 설령 누이가 살아 있다고 하더라도, 나는 누이의 생활, 집, 방, 일상을 상상할 수 없습니다. 누이는 아직 집을 가지고 있겠지요. 집이 있다는 것, 많은 사람들이 부러워하는 행복입니다. 아마 여러 사람들이 번잡하게 집 안을 드나들겠지요. 거기에 모인 사람들이 어떻게 생활하고, 무슨 이야기를 나누고, 어떤 생각을 하는지, 이곳에 사는 사람으로서는 도저히 상상할 수 없습니다. 그곳엔 걱정과 근심, 기쁨과 즐거움이 여럿 있겠지요. 이곳에서는 그런 것들이 전부, 미지의 머나먼 암흑세계 속의 일처럼 느껴집니다. 마치 거의 다른 별에서 일어나는 사건같이, 그곳에 존재하는 불안과 환희, 낮과 밤, 삶과 죽음은 우리와 유별한 철칙에 따라 전혀 다른 형태, 다른 의미를 가지고 있는 듯 느껴집니다. 가령 전설과도 같은 독일의 일 말입니다. 최근까지도 우리들은 침략적이고 잔학한 그 나라를 두려워했습니다. 가령 우리 집 문 앞에 빈사 상태로 쓰러져 있는, 심지어 벌써 죽은 것 같은 이웃을 대하듯 무서워했습니다. 정체를 알 수 없는 고약한 병을 가져올지도 모르기 때문입니다. 그 나라가 살아 있을 때는 물론이고, 죽어서도 무섭기는 마찬가지입니다. 나는 누이가 어떤 일에 둘러싸여 있고, 어떤 사람들과 어울려 사는지 도무지 알 수 없습니다. 어떤 옷을 입고, 어떤 식탁보를 깔고, 어떤 찻잔과 접시를 사용하는지조차 상상할 수 없습니다. 또 그 끔찍한 일들이, 누이 집의 창문 앞 어디에까지 다가와 있는지도 알 수 없습니다. 허물어진 집, 파괴된 거리와 정원, 그리고 저토록 무서운 참상과 슬픔이 누이의 일상에 얼마큼 스며들었는지, 그 상처가 어떻게 치유되고 이제 새살로 덮였는지 감히 짐작할 수 없습니다.

우리들이 그곳 생활을 상상해 볼 수 없는 것처럼, 거기서 우리들의 생활을 가늠해 보는 것 역시 불가능하겠지요. 아마 거기에서는 이곳의 우리 생활이 전쟁 이전과 같다고, 또는 히틀러가 집권하기 전과 같으리라고 생각할지도 모르겠습니다. 우리더러 전쟁의 폐해를 입지 않았으므로 고난도 겪지 않고, 우리가 뭔가를 잃거나 전혀 희생하지 않았으리라고 말하는 사람들도 있습니다. 우리 같은 변변찮은 중립주의자들은, 패전국 사람들이나 전승국 사람들의 눈엔 당찮게 행복해 보일 것입니다. 머리 위에 지붕이 제대로 남아 있고, 단 하루도 수프 한 그릇을 거른 적이 없으니까요. 만약 누이가 내 동네나 내 집 안을 둘러본다면 여기야말로 평화의 섬, 작은 낙원이라고 생각할 것입니다. 하지만 우리들 스스로는 가난하고 초라한 모습으로 전락하였고, 인생의 가장 좋은 나날을 상실한 듯 느끼고 있습니다. 독일 친구 한 사람은, 스위스의 어느 신문 논설에다 우리를 맛있는 음식만을 찾아다니는 '식도락가'라고 욕설하기를 주저하지 않았습니다. 또 독일의 어느 유명한 교육자는, 니체럼 히틀러 시대와 전쟁 기간 동안에 햇볕 따스한 테신에서 편안히 지낸 사람에겐 지금의 독일에 관해 발언할 자격이 없다고 말하기도 했습니다. 나는 상관하지 않습니다. 왜냐하면 나는 현재의 독일에 관해 논쟁을 벌이거나, 논쟁의 대상이 될 생각 역시 없기 때문입니다. 하지만 저러한 발언은, 세계가 우리들을 어떻게 여기는지를 여실히 보여 줍니다. 우리들은 따사로운 테신에 눌러앉아 맛있는 음식을 먹었습니다. 아무리 그렇다고 한들 지난 몇 해 동안 우리들이 겪은 저 복잡한 사건을 가벼이 취급할 수는 없는 노릇입니다. 미국이 격분하여 군사적 대응에 나서기 훨씬 전부터 우리의 아들들은 몇 해 동안 군복을 입지 않으면 안 되었습니다. 또 나는 히틀러에 의해, 그리고 무자비한 폭격으로 인해 내 필생의 모든 작품들을 말살당했습니다. 아내의 친척들과 친구들은 힘러[38]의 강제 수용소에서 독가스로 살해당했습니다. 이런 일들은 전쟁과 온갖 참상을 겪은 국민들에겐 그리 특별한 일이 아닐 수도 있습니다. 그럼에도 우리와 국경 사이에는 무지와 몰이해의 심연이 가로놓여 있습니다. 게다가 고의적으로 이해하기를 거부하는 심연마저 양쪽을 깊이 갈라놓고 있습니다.

이 무서운 시련 위에 다리를 놓고, 또 장애물과 가면을 벗어던지고 누이에게 말을 전하기 위해 나는 모든 순간을 등진 채, 우리 공동의 자산과 기억을 추억하려 합니다. 그 순간, 작금의 문제가 전부 해결될 것입니다. 그러면 이제 누이는 아디스이고, 나는 헤르만일 뿐입니다. 나는 스위스인이 아니고, 누이도 독일인이 아닙니다. 우리 사이엔 국경도, 히틀러도 없습니다. 누이가 내 생활을 상상해 볼 수 없고, 나 역시 누이의 생

---

38 Heinrich Himmler(1900~1945). 나치 친위대와 게슈타포의 최고 책임자로, 홀로코스트를 주도한 인물로 알려져 있다.

활을 상상할 수 없더라도, 추억으로 가득한 저 나라에서 어느 지인, 이웃, 옷을 수선해 주던 아주머니, 일을 돕던 아낙, 또는 어느 골목이나 개울, 숲의 이름을 불러내면 파괴되지 않은 형상들이 떠오르겠지요. 그리고 오늘날 여지없이 찢기고 뒤죽박죽된 우리 삶에서 바랄 수 없는 고요함과 아름다움, 생존의 의지가 빛을 발할 것입니다.

내 편지를 누이가 받아 볼 수 있든 없든, 이제 심연을 넘어 어색함은 사라졌습니다. 나는 잠시라도 누이와 이야기를 나누고 싶고, 이젠 멀리 사라져 다시 돌아오지 못하는, 하지만 완전한 현실이자 광채로 나타나는 아름다운 어린 시절의 세계를 누이에게 환기시키고, 나 역시 그 추억에 잠기고 싶습니다. 지금 독일에서 사는 누이의 모습, 현재의 집과 살림살이는 절반도 보이지 않습니다. 그러나 바젤에 있던 밀러베크의 집, 마당의 밤나무, 수많은 계단을 지나고 몇 층을 더 올라서 지붕 아래의 산으로 이어지는 정원이 있던 우리의 고향, 칼프의 옛 집을 회상할 때면, 바르트 박사나 저명한 블룸하르트를 만났을 적부터[39] 우리에게 아주 친숙했던 뫼트링겐으로 가는 길, 수레국화와 양귀비가 만발한 곡식밭이나 엉겅퀴가 피어 있는, 그 근처에 키 큰 용담이 자라난 길을 걸었던 어느 여름날의 일요일 아침을 생각하면, 누이의 모습이 아직도 눈에 선합니다. 만약 지금 여기에서 누이와 마주 앉아 이야기할 수만 있다면, 아마 기억 속에서 더 많은 장면들을 불러낼 수 있겠지

---

39 여기서 언급한 바르트 박사와 크리스토퍼 블룸하르트(Christoph Blumhardt, 1842-1919)는 헤세가 방황하던 청소년기에 그를 정신적으로 지지해 주고 심리 상담을 해 주었던 의사이자 목사다.

요. 초원을 뒤덮은 꽃처럼 추억 속의 모습은 무궁무진합니다. 추억을 불러와서 마음을 열면, 우리의 어린 시절, 그 황금빛 신화가 되살아납니다. 우리 곁에서 우리를 기르고 교육해 준 세계의 모습, 부모와 선조들의 세계, 독일적이고 기독교적인 세계, 슈바벤이면서 동시에 국제적인 세계가 다시 살아납니다. 거기서는 모든 영혼이, 어떤 기독교인의 영혼이든 모두 같은 자격을 가집니다. 유대인이든 흑인이든, 힌두교도든 중국인이든 그 누구도 낯설게 여겨지거나 배척되지 않습니다. 이들 피부색을 지닌 형제들은 우리의 부모와 조부모가 봉사하던 선교 활동을 통해, 매우 친밀하게, 우리의 눈과 영혼에 아로새겨져 있습니다. 우리들은 그 사람들과 그 나라의 사정을 잘 알 뿐 아니라, 그곳에서 찾아온 몇몇 손님들과 친하게 지냈습니다. 인도 손님이 조부모를 방문하면, 독일인이든 어느 유럽인이든 산스크리트어로 대화했음은 물론, 오늘날의 인도에서 쓰이는 단어나 문장도 들을 수 있었습니다. 우리 집에는 국수적인 분위기가 거의, 아니 전혀 없었습니다. 조부님은 슈바벤, 조모님은 웰쉬[40] 출신이었습니다. 아버지는 독일계 러시아[41] 사람이었고, 우리 아이들 중 맏아들[42]은 인도 태생의 영국인이었으며, 둘째 아들은 슈바벤 대학교에서 공부하기 위해 뷔르템베르크로 귀화했고, 우리들은 바젤의 시민이었습니

---

40 welsch. 스위스의 프랑스어권, 로망스어권 지역을 가리킨다.
41 헤르만 헤세의 아버지, 요하네스 헤세의 집안은 에스토니아계인데, 당시 에스토니아는 러시아 영토였다.
42 헤르만 헤세의 어머니는 인도에서 활동하던 영국 선교사와 첫 결혼을 하지만, 일찍 사별하고 만다. 그 결혼에서 아들 둘을 얻었는데, 헤세에게는 이부형제가 된다.

다. 왜냐하면 바젤에 체류하는 동안, 아버지가 '거주권을 구입했기' 때문입니다. 우리가 한평생 골수 국수주의에 절대 경도되지 않은 까닭은, 비단 이것들 덕분만은 아니었을 것입니다. 그럼에도 이런 것들이 중대한 이유였을 테죠. 국수주의적 사건들이 넘쳐 나는 이 지상에서 우리가 어린 시절과 선조들을 추억하는 일은, 그러한 삿된 망상에 사로잡히지 않도록 매우 훌륭히 우리를 일깨워 줍니다. 그래서 누이는 나한테 '독일인'이 아니고, 나 역시 누이에게 결코 '식도락가'가 아닙니다.

작년 여름, 나는 니논의 도움으로 또다시 시 전집을 만들었습니다. 지난 이십오 년 동안, 세 번째 시집입니다. 아담하고 적당하고 저렴한 책입니다. 그런데 이 책의 뒤표지에는 '누이 아델레에게 헌정'이라고 쓰여 있답니다. 아직 누이를 만나볼 수 없지만, 나의 이 편지가 누이 손에 닿는다면, 적어도 내가 삶을 되돌아보는 이러저러한 일을 하는 동안 누이를 생각하고, 누이가 곁에 있음을 느꼈다는 점을 알게 될 것입니다. 그리고 『청춘은 아름다워』도 염가 대중판으로 출간했는데, 이 작품은 내게, 또 누이한테도 전쟁과 위기가 닥쳐오기 전의 시대, 우리의 청춘 시절, 우리 부모의 집, 당시의 고향을 아주 세밀하게 환기해 줄 겁니다. 우리를 기르고 형성해 준 세계가 어떤 세계였는지를, 그 작품을 쓰던 시절에는 제대로 인식하지 못했지요. 그곳은 유독 독일적이고 신교도적인 세계였지만, 한편 세상을 향한 시선을 가지고 연결돼 있는 세계이기도 했습니다. 완전하고 조화로우며 건전하고 건강한 세계, 아무런 흠도 없고 뿌연 베일 따위에도 덮이지 않은, 인간적이며 기독교적인 세계였습니다. 숲과 강, 노루와 여우, 이웃과 아주머니가 마치 성탄절과 부활절, 라틴어와 그리스어, 괴테와 마티아스 클라디우스,[43] 아이헨도르프[44]처럼 완벽하고 유기적으로 어우러진 세계였습니다. 그곳은 풍부하고 다채롭고 체계적이며, 중심 잡힌 세계였습니다. 풍성하고 다양하지만 정돈되어 있고 정확하게 질서 잡혀 있는, 마치 공기와 햇살, 비와 바람처럼 전부 우리 것이던 세계였습니다. 그 세계가 병든다는 것, 사경을 헤맨다는 것, 끔찍한 부스럼에 뒤덮이고, 종잡을 수 없는 무시무시한 전염병에 물들어 완전히 낯설어지는 것, 혼란과 덧없는 풍경만이 남게 되리라는 것을, 전쟁과 악마가 이토록 잔혹하게 파괴하기 전에 과연 어느 누가 상상이나 했겠습니까!

우리가 아직 팔과 다리를 잃지 않았다는 것, 집과 음식을 가지고 있다는 것보다 우리가 다시 그 세계로 돌아갈 수 있다는 것, 우리 마음속에 완전히 회복되고 건전하고 질서 있는 세계상을 간직할 수 있다는 것, 그 세계상을 근거 삼아 서로 소통할 수 있다는 것, 바로 이것이 우리의 크나큰 보물이자 한 조각 남아 있는 행복입니다. 우리는 언제든 그곳으로 도피할 수 있습니다. 우리는 현실에서 헤어진 사람들이 만나 무엇이든 서로 이해할 수 있는, 숭고하고 아름답게 창조된 고귀한 세계를 가지고 있습니다. 우리 자손들이 가질 수 없는 그 세계는 이제 희미한 광채만을 간직하고 있습니다. 나는 추억 속에서, 선조들의 그림자와 나무가 살랑대는 소리 가운데서 누이

43　Matthias Claudius(1740~1815). 독일의 시인으로, 순수하고 간결한 독일어로 순박하고 기독교적인 시를 썼다.

44　Joseph von Eichendorff(1788~1857). 후기 낭만주의 시대의 시인으로, 민요에서 영향받은 서정시를 주로 썼다.

를 봅니다. 젊고, 명랑한 누이의 모습을 다시 봅니다. 그리고 그곳에서 누이는, 젊고 건강한 당시 나의 모습을 볼 수 있습니다. 어머니의 정원에 피어 있던 브리스톨꽃과 프록스꽃이 기억납니다. 그리고 조부모님의 장롱 속에 들어 있던 인도의 조각품과 옷감, 백단으로 만든 작은 함의 그윽한 향기, 외할아버지 서재의 자욱한 담배 연기를 회상하면서 우리는 서로 고개를 끄덕입니다. 칼프의 우뚝 솟은 교회 첨탑이 보입니다. 꼭대기 회랑에서는 일요일이면 아침 종소리에 맞춰 도시의 악사들이 성가를 연주했지요. 게르하르트 테르스티겐 그리고 요한 제바스티안 바흐 등 늘 들어서 익히 아는 합창곡들이었습니다. '예쁜' 방[45]은 성탄절이면 전나무와 베들레헴 장식으로 꾸며져 있었고, 피아노 옆의 지휘대에는 합창곡과 찬미가의 악보가 놓여 있었는데, 질하[46]와 슈베르트, 우리가 노래하던 오라토리오의 피아노 발췌곡이었습니다. 집 안에는 '다른' 슈베르트가 더 있었는데, 바로 현관 장롱 위에 놓여 있는 고트힐프 하인리히 슈베르트[47] 박사의 흉상이었지요. 『꿈의 상징』과 『영혼의 역사』 등을 집필한 그분은, 과거에 우리 집안과 가까이 지냈습니다. 우리는 부활절에 날씨가 궂으면 정원이 아니라, 커다란 붉은 사암 타일이 깔린 현관과 넓은 홀의 책장 뒤에다 부활절 달걀을 감추었지요. 아름다운 꽃다발을 이룬 온갖 꽃, 포아풀, 양치식물이 갈색빛 땅을 뒤덮고 있는 광경이 보입니다. 이 모든 공간엔 이미 세상을 떠난 할아버지의 영혼

---

45 과거에 생활했던 어떤 방의 애칭으로 추정된다.

46 Friedrich Silcher(1789~1860). 독일의 음악가로, 주로 민요를 작곡했다.

47 Gotthilf Heinrich Schubert(1780~1860). 독일의 의사이자 심리학자, 훗날 프로이트와 융에게 큰 영향을 끼쳤다.

이 넘쳤고, 방학 때 집에 돌아오면 언제나 할아버지 생각이 떠올랐습니다. 외할아버지를 무서워한 적도 있지만, 인도의 현자이자 마술사인 당신을 우리가 얼마나 존경하고 사랑했는지 모릅니다. 결정적인 어느 날, 할아버지는 내가 당신에게 품고 있던 두려움을 너무나 감동적으로, 너무나도 유쾌하게 웃음으로 없애 주셨습니다. 당시 나는 열네 살이었는데, 몹쓸 짓을 저지른 터였습니다. 저는 학교에서, 마울브론 신학교에서 도주를 했지요. 고향으로 도로 붙잡혀 온 다음 날, 나는 하는 수 없이 할아버지를 대면하지 않으면 안 되었습니다. 당신께 인사를 드리고, 책망과 선고를 받아들이지 않으면 안 되었습니다. 두근거리는 가슴을 안고 나는 할아버지의 서재로 통하는 층계를 올라갔습니다. 그러고는 노크를 하고 방 안으로 들어가서, 소파에 기분 좋게 기대앉은 수염이 덥수룩한 노인에게 악수를 하려고 손을 내밀었지요. 그런데 그때 무시무시한, 전지전능한 노인이 내게 무어라고 말했을까요? 할아버지는 부드러운 시선을 보내며 겁에 질린 내 얼굴을 쳐다보고, 마치 장난꾸러기처럼 농담을 섞어 다음과 같이 말했습니다. "헤르만, 너 천재 여행을 했다지?" 할아버지의 학창 시절에는 그런 식의 일탈을 '천재 여행'이라 불렀다고 합니다. 할아버지는 내가 저지른 사건에 관해 더는 한 마디도 하지 않았습니다.

우리의 청춘을 아름답게 하고, 그 이후의 생을 풍부하고 따뜻하고 사랑스럽게 만들어 주는 모든 것은 전부 거기서, 할아버지와 부모님에게서 건네받았습니다. 할아버지의 훌륭한 지혜, 어머니의 끝없는 상상력과 사랑의 힘, 그리고 우리 아버지의 고통을 이겨 내는 고귀한 능력과 민감한 양심, 그런 것이 우리를 양육했습니다. 우리는 결코 그분들과 같은 높이에까지 올라갈 수 없지만, 그분들과 같은 인간, 그분들의 모범에 따라 교양을 갖춘 사람이 되었습니다. 그리하여 이 암담하고 거친 세계 속에서 그분들의 빛을 조금이라도 간직할 수 있었습니다.

우리는 선조에 대한 숭배를 저버린 적이 없으며, 그분들을 추억하기 위해 많은 일을 하고 글도 썼습니다. 우리의 책이 몰수되고 절판되고 불타고 근절되더라도 그 빛은 사라지지 않습니다. 비본질적이고 인공적인 것이 금방 사라져 버리듯이 수천 년 역사의 나라나 화려한 형태마저 결국 허물어지지만, 참으로 본질적이고 유기적이며 건전한 세계에 속한 것에는 영원한 생명이 담겨 있습니다. 청춘 시대의 추억을, 전쟁과 독재의 저 악마 같은 시대와 비교해 보면 금세 알 수 있습니다. 그런 것은 어두운 그림자, 거미줄 따위에 불과합니다. 그런 반면, 청춘의 추억은 생명처럼 둥글고 확실하고 다채롭습니다.

단 한 시간이라도 우리의 나이나 가난을 신경 쓰지 않는다면, 지난날 방학을 맞아 내가 좋아하는 시인과 화가의 그림을 가지고 집으로 갔던 그 시절처럼 우리는 부유하고 그에 못지않게 행복할 터입니다. 그런 일은 항상 가능하지 않으며, 좋은 시절에나 아주 가끔 누릴 수 있지요. 이제 우리의 일상은 노인의, 체념한 사람들의 일상이므로 그런 일을 오래 경험하기란 쉽지 않습니다. 아마 그곳 독일에서는 죽음을 별로 두려워하지도, 그렇다고 그 진가를 가볍게 여기지도 않을 테죠. 그런 점에서 그곳은 여러모로 우리를 능가한 듯 보입니다.

나의 이런저런 일에 관해 가끔 이야기하고 싶습니다. 나는 현재를 좀 다르게 봅니다. 나는 마치 불타는 촛불처럼 여러분들 사이를 오갔음에도, 결코 아무 눈에도 띄지 않았던 사람들을 생각합니다. 수십 마리의 미친 원숭이들이 '위대한 인간'처럼 연극을 하던 시절에, 그런 사람들은 여러분의 눈앞에 살아 있으면서도 죽은 듯 존재했습니다. 아무 할 말이 없는 것처럼 그저 여러분 곁을 스쳐 지나갔습니다. 내가 좋아하는 후고 발[48]은 그런 이들 중 한 사람입니다. 그가 세상 떠난 지 몇 해가 지난 요즘에야 심상치 않은 그의 작품들이 발견되었습니다. 크리스토프 슈렘프[49] 역시 그중 한 사람인데, 그의 주변 친구들만이 그를 알고 있습니다. 열일곱 권이나 되는 그의 작품은 아직 세상에 알려지지 않았습니다. 사람들은 다른 일에 정신이 팔려, 지금도 그에 대한 정당한 평가를 미래로 미룬 채 훌륭한 그의 손에 들린 귀한 빵보다 추밀 고문관들이 손에 쥔 종잇조각을 더 낫다고 생각합니다. 아, 세계는 이다지도 부유하고 낭비가 넘쳐 납니다. 하지만 슈렘프나 그의 작품은 악마 같은 시대의 소용돌이 속에서도 모든 귀한 행동, 모든 순수한 순교처럼 결코 사라지지 않으리라고 나는 생각합니다.

세계를 조금이라도 치유하고, 또 인간성을 회복하고 정화할 수 있다면, 그것은 악(惡)에게 절대로 굽히거나 매수당하지 않는 사람들, 인간성을 버리기보다 차라리 생명을 내놓는 사람들의 행동과 수난 덕분일 것입니다. 슈렘프 같은 경고자, 교사가 바로 그런 사람입니다. 그들 필생의 업적이 이룩한 위대한 전모는, 훗날 비로소 모조리 밝혀질 것입니다. 종종 이

---

48 Hugo Ball(1886~1927). 헤르만 헤세의 첫 번째 전기를 쓴 인물로, 다다이즘의 선구적 시인이다.

49 Christoph Schrempf(1860~1944). 독일의 신학자이자 철학자이다.

세상에 진정한 것, 참된 것이 존재하지 않거나, 인간성과 선, 진실이 없는 듯 보이기도 합니다. 하지만 그런 것들은 엄연히 존재하며, 우리는 그 점을 망각하지 않으려고 노력해야 합니다.

우리가 어렸을 때, 9월 축제일의 햇살은 얼마나 아름다웠던가요. 우리는 나이 든 밤나무 아래서 자두 케이크를 먹었고, 남자아이들은 빈민 변호사 지벤케스[50]처럼 목재 독수리를 쏘아 대는 장난질을 했지요. 양치식물과 높다랗게 자란 빨간 디기탈리스꽃이 만발한 전나무 숲의 오솔길은 정말 아름다웠습니다. 아버지는 이따금 가문비나무 옆에 서서 주머니칼로 수지선(樹脂線)을 자르고, 맑은 수지가 방울져 흘러나오면 작은 병에 모았지요. 아버지는 그걸 보관했다가 가끔 상처에 바르기도 하고, 때로는 그 향기를 맡기도 했습니다. 아버지는 공기, 향기, 산소, 오존에 관한 전문가이자 애호가였지요. 그 밖에는 특별한 취미나 싫어하는 일이 없는, 순수한 분이었습니다. 몹시도 아름다운 코른탈 묘지에 잠들어 계신 아버지를 찾아뵙고 싶지만, 지금으로서는 그런 소원을 감히 바랄 수가 없습니다.

예전에 어머니가 쓰신 것 같은 구구절절한 편지를 내가 쓸 수 있다면, 누이는 우리의 현재 생활에 관해 더 많은 걸 알 수 있을 테죠. 그런데 나는 그런 편지를 쓸 수가 없습니다. 요즘 같은 시대엔 아무리 이야기하기를 좋아하던 어머니조차 침묵할 수밖에 없었을 것입니다. 아니, 어머니는 극복하셨을

---

50 Siebenkäs. 낭만주의 작가 장 파울(Jean Paul, 1700-1860)의 소설 『관선 변호사 지벤케스의 결혼 생활, 사망 그리고 재혼』에 등장하는 주인공이다.

지도 모릅니다. 어머니는 아마 삶의 이러한 혼란마저 정리하고, 그것을 이야기로 풀어내셨을 겁니다.

편지를 쓰느라 어느새 날이 저물어 창가가 뿌옇게 물들었습니다. 불을 밝히고 나니, 노인들이 으레 그렇듯이 피곤합니다.

소원 같은 것은 이제 포기해야 합니다. 그래도 나는 이 편지가 언젠가는 누이에게 닿기를, 그리고 이 편지가 결코 누이에게 쓰는 마지막 편지가 아니기를 바랍니다.

(1946)

독일에 부치는 편지
— 1946년 4월, 루이제 린저[51]에게 보내는 공개 서한

당신의 나라에서 온 편지들은 특별합니다. 몇 달째 독일에서 온 편지를 받는 일은 내게 유달리 귀하고, 거의 언제나 행복한 사건이었습니다. 이 편지들은 오랫동안 소식을 듣지 못해 걱정스럽던 친구가 아직 살아 있다는 소식을 전해 주었습니다. 또한 이 편지들은 나의 언어를 사용하고, 내가 한평생 작품을 맡겼으며, 몇 년 전까지만 해도 내게 빵과 내 작업에 대한 도덕적 정당성을 부여해 준 나라인 독일과의 짧고, 우연하며, 불확실한 관계를 의미하기도 했습니다. 그런 편지들은 언제나 놀라움을 가져다주었고, 항상 기이한 우회로를 거쳐 내 손에 들어왔습니다. 편지에는 언제나 중요한 사항만이 쓰여 있을 뿐, 쓸모없는 말은 전혀 찾아볼 수 없었습니다. 아

51　Louise Rinser(1911~2002). 『삶의 한가운데(Mitte des Lebens)』등의 작품으로 국내에 널리 알려진 루이제 린저는, 반나치 활동으로 투옥되어 사형까지 선고받았다가 1945년에 석방되었다. 하지만 사후에 그녀가 한때 나치에 협조했다는 주장이 제기되기도 했다. 린저는 1900년대 후반에는 테러 단체인 적군파(RAF, 서독의 극좌파 무장 단체)를 지지했고, 북한을 수차례 방문하기도 했다.

마 편지를 쓴 사람은 몇 분 안에 서둘러 썼을 테고, 바로 그 몇 분 동안 적십자 병원의 차량이나 다른 귀향자가 기다리고 있었을 겁니다. 함부르크나 할레, 혹은 뉘른베르크에서 온 편지들은 수개월의 시간을 건너, 어느 친절한 군인이 프랑스나 아메리카를 경유해 고향으로 돌아오는 길에 가져온 것입니다.

편지들은 날이 갈수록 더 자주 도착했고, 내용도 더 길어졌습니다. 여러 나라의 포로수용소에 갇힌 이들, 예컨대 이집트, 시리아, 프랑스, 이탈리아, 영국, 아메리카의 철조망 수용소에 있는 이들이 종잇조각에 쓴 이 편지들 중에는 전혀 유쾌하지 않거나 답장할 생각조차 들지 않는 것들도 많았습니다. 포로들이 보내온 편지의 내용은 대부분 하소연이었고, 심한 욕설을 하거나 전혀 들어줄 수 없는 부탁을 하거나, 신과 세상을 경멸하듯 비난하고, 이따금 훗날 전쟁이 일어나면 반드시 복수하겠다고 위협하기도 했습니다. 물론 예외적인 경우도 있었습니다만 아주 드물었습니다. 게다가 대다수의 포로들은 자신들이 어떤 고생을 하고 있는지, 수용소에서 얼마나 불공평한 대우를 받고 있는지에 대해 불평하고 개탄할 뿐이었습니다. 독일군으로서 지난 몇 년 동안 어떤 짓을 저질러 왔는가에 대한 반성은 전혀 없었습니다. 독일군이 러시아로 진격하던 시기에, 어느 독일 병사가 쓴 일기가 문득 생각납니다. 그 일기를 쓴 병사는 순박한 독일 군인으로, 나치주의자는 아니었습니다. 일기에서 그는, 군인이라면 누구나 죽음의 필연성을 골똘히 생각하지만, 다른 생각, 즉 살인의 필연성은 단지 '전술상'의 문제일 뿐이라고 고백했습니다. 편지를 보내온 대부분의 포로들 역시 히틀러가 전쟁에 책임을 져야 한다고 인정하지만, 어느 누구도 자신의 잘못을 시인하지는 않았습니다.

프랑스에서 포로가 된 어느 군인은 이런 편지를 보냈습니다. 어린아이가 아니라 한 가정의 가장이자, 좋은 교육을 받고 박사 학위마저 있는 사람인데 이렇게 썼습니다. "선한 생각을 지닌 착실한 독일인이 히틀러 치하에서 도대체 무엇을 할 수 있었으리라고 생각하십니까? 그는 아무것도 막을 수 없었을 테고, 히틀러에게 반대하는 어떠한 일도 할 수 없었을 것입니다. 그런 일은 미친 짓이나 다름없습니다. 만약 반항했다면 그는 빵과 자유를 잃고, 결국엔 목숨까지도 잃었을 것입니다." 저는 이렇게 대답할 수밖에 없었습니다. "독일군은 폴란드와 러시아를 황폐화하고 점령한 뒤, 스탈린그라드를 포기하지 않고 버티다가 결국 동부 전선에서 쓰디쓴 종말을 맞이했습니다. 그 과정은 목숨을 무릅써야만 하는 매우 위험한 일이었습니다. 독일군은 열심히 그 위험한 일을 수행했습니다. 어째서 독일인들은 1933년에 이르러서야 비로소 히틀러의 실체를 눈치챘을까요? 적어도 뮌헨 폭동(1923)이 있은 뒤엔 그를 알아보았어야 하지 않나요? 왜 그들은 1차 세계 대전의 유일한 성과인 바이마르 공화국을 지지하고 가꾸어 나가지 않았을까요? 왜 그러는 대신 일치단결하여 태업(怠業)을 일삼다가 힌덴부르크[52]에게, 그리고 급기야 히틀러에게 찬성표를 던졌을까요? 히틀러 치하에서 진정한 인간으로 살아가려면 틀림없이 생명이 위협받을 텐데 말입니다." 나는 그런 편지를 쓴 사람들에게, 독일의 비극은 히틀러에게서 시작되지 않았노라

---

52 Paul von Hindenburg(1847~1934). 1차 세계 대전 시기의 독일 대통령으로, 1933년에 히틀러에게 정권을 내주었다.

고 말해 주었습니다. 1914년 여름, 오스트리아가 세르비아에 비열한 최후통첩을 보내자 독일인들은 미친 듯이 환호했습니다. 이때 이미 비극이 시작되었음을 알아차려야 했습니다. 그 당시 열광한 이들에게 나는 로맹 롤랑, 슈테판 츠바이크, 프랑스 마세릴,53 아네테 콜프54 등과 함께, 우리가 무엇을 위해 투쟁하고 있으며 어째서 고통받고 있는지 이야기했습니다. 그러나 아무도 관심을 보이지 않았고, 어떠한 말도 들으려 하지 않았으며, 진정으로 토론하거나 무언가를 배우거나, 심지어 생각해 보려는 노력조차 하지 않았습니다.

존경할 만한 어느 나이 든 성직자가 독일에서 편지를 보내왔습니다. 신앙심이 깊은 분으로, 히틀러 치하에서 용기 있게 행동하다가 엄청난 고초를 당하기도 했습니다. "저는 이십오 년 전, 1차 세계 대전 중에 선생께서 쓰신 글들을 이제야 읽어 보았습니다. 독일인이자 기독교인으로서 저는 선생님의 주장에 전적으로 동의합니다. 하지만 솔직히 고백하건대, 만약 이십오 년 전에, 세상에 막 나온 선생의 시사적인 글들을 접했더라면, 아마도 몹시 격분하여 내던져 버렸을 것입니다. 저 역시 그 당시엔, 다른 대부분의 진지한 독일인들처럼 철저한 애국자이자 민족주의자였기 때문입니다."

점점 더 많은 편집들이 도착했습니다. 우편물이 정상적으로 배달되면서부터는 거의 홍수처럼 쏟아져 들어오는 통에 다 읽을 수 없을 지경입니다. 편지들은 질적으로 훨씬 나아

---

53 Frans Masereel(1889~1972). 벨기에 화가로, 정치 문제를 주제로 한 목판화가 유명하다.
54 Annette Kolb(1870~1967). 독일의 작가이자 저널리스트이다.

졌습니다. 편지를 보낸 사람은 수백 명이지만, 편지들은 대여섯 가지 부류로 나눌 수 있습니다. 물론 예외적으로, 이 고난의 시대를 아주 정직하게 바라보거나 극히 개인적인, 더할 나위 없이 귀중한 자료가 될 만한 편지도 있습니다. 당신이 보내온 훌륭한 편지도 그런 예외 가운데 하나입니다. 하지만 그 밖의 대다수 편지들은 표현이 진부하고 반복적이어서, 글쓴이의 입장이나 요구를 쉽사리 알아챌 수 있습니다. 편지를 쓴 대개의 사람들은, 자기에겐 독일의 비극적 상황에 대한 책임이 없음을 의식적이든 무의식적이든 토로합니다. 그리고 적잖은 사람들이 그 일에 대해 자신만만히 나름의 이유를 가져다 댑니다.

예컨대 한때 오랫동안 제게 편지를 써 왔지만 돌연 서신을 중단해 버린 지인들이 그렇습니다. 그들이 편지를 보내오지 않은 이유는, 감시 대상인 나와 편지를 주고받으면 극히 불편한 일을 당할 수도 있다는 점을 알았기 때문입니다. 최근 그들이 다시 연락을 해 왔습니다. 그들은 저를 진심으로 걱정하며, 스위스라는 낙원에서 사는 제 행운을 부러워했습니다. 그리고 또 내가 어떻게 생각할지 모르겠지만, 자신들은 나치에 동조한 적이 절대 없다고 썼습니다. 하지만 이렇게 고백한 이들 중 대다수가 수년 동안 나치 당원으로 활동했습니다. 이제 와서 그들은, 오직 한쪽 발만을 강제 수용소에 들여놓은 채 자기들 역시 언제나 고통스럽게 지내 왔다고 구구절절 변명합니다. 한쪽 발은 수용소에, 다른 쪽 발은 나치당에 걸치고 있던 자들을 저는 결코 용납할 수 없습니다. 저는 오직 두 발 모두 수용소에 들인 히틀러 반대자들만을 인정한다고 대답할 수밖에 없습니다. 스위스를 '낙원'이라고 부르는 그들에게 말해 주고 싶습니다. 나는 전쟁 기간 내내 갈색 악마[55] 히틀러가, 마치 가까이 지내는 이웃처럼 언제든 저를 찾아올 수 있다는 두려움 속에서 살아야 했다고, 또 이 낙원에서도 나처럼 블랙리스트에 오른 사람들은 언제든 투옥되거나 교수형에 처해질 수도 있었다고 말입니다. 새로운 유럽의 권력자들은 우리 같은 검은 양들에게 끊임없이 유혹의 미끼를 던졌습니다. 놀랍게도 그들은 유명한 동료이자 동지를 이용해 '비용을 부담할 테니' 나더러 취리히에 와서 로젠베르크[56]가 조직한 유럽협력연맹에 함께 가입하자고도 제안했습니다.

솔직한 늙은 철새들도 있습니다. 이들은 당시에, 그러니까 1934년 무렵, 오랜 고민 끝에 나치당에 가입했다고 주장하면서, 거기에 소속된 거칠고 야만적인 인물들을 효과적으로 견제하기 위해서였다고 말합니다.

반면, 사적인 이유로 편지를 보내오는 이들도 있습니다. 이들은 상당히 곤궁한 상태인 데다 정말 중요한 걱정거리에 휘둘리고 있음에도, 굳이 토마스 만을 경멸한다면서 내가 그런 사람과 친구라는 점이 매우 유감스럽고, 심지어 화가 난다고 이야기합니다. 아무래도 이토록 긴 편지를 쓸 만큼 충분한 종이와 잉크, 시간과 정열 정도는 가지고 있는 듯합니다.

또 다른 부류는 전쟁 기간 내내 공개적으로, 부인할 수 없을 만큼 확실하게, 히틀러의 승리 퍼레이드에 장단을 맞췄던 옛 동료들과 친구들입니다. 이제 그들은 감동적이고 우정 어

---

55 나치 독일의 군복 색깔을 의미한다.
56 Alfred Rosenberg(1870~1946). 나치 독일의 정치가로, 동유럽 점령을 골자로 하는 '로젠베르크 계획'을 입안한 인물이다. 2차 세계 대전이 끝난 뒤에 사형 선고를 받았다.

린 편지를 보내오면서, 자신들의 일상과 폭격으로 인한 피해, 집안의 사사로운 걱정이나 자식들과 손주들에 관한 이야기를 상세하게 늘어놓습니다. 마치 아무 일도 없었다는 듯이, 우리 사이에 무슨 일이 있었느냐는 듯이, 유대인인 내 아내의 가족들과 친구들을 살해하지 않은 듯이, 나의 모든 작품을 모욕하고 끝내 없애 버린 일에 전혀 관여하지 않은 듯이 행동합니다. 단 한 명도 당시에 상황을 제대로 보지 못했고, 이제 후회하고 있으며, 눈이 멀었음을 실토하지 않습니다. 또한 자기는 나치였고 앞으로도 그럴 것이며, 그 당시의 선택을 후회하지 않는다거나 자기가 옳은 일을 했다고도 말하지 않습니다. 단지 실패한 까닭에 스스로 그런 짓을 했다고 고백하는 나치가 없는 것입니다. 아, 참으로 역겨운 일입니다. 편지를 보내는 몇몇 사람들은, 나더러 독일에 돌아와서 독일인을 재교육하는 데 힘써 달라고 말합니다. 그런가 하면 그보다 더 많은 이들은 내가 대중 앞에서 목소리를 높이길 바라거나, 중립적 위치에서 휴머니즘의 수호자를 자처하며 점령국 군대의 지나친 간섭과 무관심에 항의하길 요구합니다. 얼마나 세상을 모르는지, 현실에 대해선 아무것도 모르는지, 정말 한심하고 유치하기 짝이 없습니다.

치졸하고 한편으론 악의에 찬 이 어리석은 일들이, 아마 당신에겐 놀랍지 않을지도 모릅니다. 나보다 당신이 더 잘 알겠지요. 당신은 내게 비참한 독일의 정신적 상황에 대해 긴 편지를 썼지만 검열 때문에 끝내 보내지 못했다고 말했습니다. 나는 이제 내 시간의 절반을 무엇을 하면서 지내는지, 왜 당신께 쓰는 이 편지를 출간하려 하는지 설명하려고 합니다. 불가능한 것을 요구하고 바라는 편지에 나는 답장할 수가 없습니다. 하지만 답장하지 않을 수 없는 편지를 보내는 분들도 있기에, 책으로 출간할 이 편지를 이제 그분들께 보냅니다. 왜냐하면 그들 모두가 호의를 가지고 내 안부를 걱정스럽게 물었기 때문입니다.

당신의 소중한 편지는, 제가 앞서 언급한 어떠한 부류의 편지에도 해당하지 않습니다. 당신의 편지에는 상투적인 말이 없고, 한탄이나 비난도 들어 있지 않습니다. 당신의 훌륭하고 현명하며 용감한 편지를 읽고 있노라면 정말 행복합니다. 특히 당신의 운명을 언급한 부분에서 큰 감명을 받았습니다. 우리의 성실한 친구[57]와 마찬가지로 당신은 오랫동안 감시받고 미행당했으며, 게슈타포의 감옥에 갇히고 심지어 사형까지 선고받았지요. 당신의 편지를 읽으면서 나는 깊은 감동을 느꼈습니다. 그리고 당신이 내 편지들을 읽으면서 느낄 충격보다 훨씬 큰 자극도 받았습니다. 하지만 당신이 알려 준 소식에 그리 놀라지는 않았습니다. 왜냐하면 나는 결코 당신이 수용소와 나치당에 양다리를 걸쳤으리라고 생각해 본 적이 없으며, 총기(聰氣)와 명민함, 용기를 가진 당신이 눈을 크게 뜨고 올바른 편에 서리라는 사실을 굳게 믿었기 때문입니다. 당신이 위험에 처했던 것도 바로 그런 이유 때문이겠지요.

나한테 편지를 보내오는 대부분의 독일인들은 별로 마음에 들지 않습니다. 작금의 상황은, 지난 1차 세계 대전이 끝났을 무렵과 여러모로 닮아 있습니다. 물론 나는 그때보다 더 나이 들었고, 불신감도 더욱 커졌습니다. 요즘 내 독일 친구들은

57　Peter Surkamp(1891~1959). 주어캄프 출판사의 창설자로, 루이제 린저의 첫 작품 『파문이 일 때』를 피셔 출판사에서 출간하도록 도와주었다.

모두 히틀러의 유죄 판결에 동의하고 있습니다. 그런데 그들은 공화국[58]을 건설하던 당시에도 군국주의, 전쟁, 폭력에 대해 마찬가지 입장이었습니다. 조금 뒤늦긴 했지만 전부 진심으로 반전주의자가 되어 갔으며, 간디와 로맹 롤랑을 거의 성자로 추앙했습니다. '전쟁은 이제 그만!'이 구호였지요. 하지만 채 몇 년도 지나지 않아, 히틀러가 뮌헨에서 봉기했습니다. 그러므로 나는 오늘날 그들이 아무리 히틀러를 욕하더라도 그리 진지하게 받아들일 수가 없습니다. 또 그들이 정치적으로 변했다거나, 쓰라린 체험을 통해 깨달음을 얻었다고도 결코 생각하지 않습니다. 내가 진지하게, 참으로 진지하게 받아들이는 것은 이 시대의 고난 속에서도 자기 안에서, 세상의 심장 안에서, 시간을 초월한 삶의 진실 안에서 길을 찾는 개개인의 내적 변화와 자기 정화 그리고 성숙입니다. 각성한 이들은, 제가 1914년 이후의 끔찍한 시기에 겪었던 것과 아주 흡사한, 위대한 비밀을 감지하고 체험하며 견뎌 냈습니다. 그들은 나보다 더 무거운 압박과 더 힘겨운 고통 한가운데에서 이를 해냈습니다. 굳이 언급할 필요도 없이, 이러한 체험과 각성의 길에서 숱한 사람들이 완성에 도달하기 전에 몰락하거나 쓰러지고 말았습니다.

아프리카의 어느 포로수용소 철창에 갇힌 독일군 대위는 편지에서 도스토옙스키의 『죽음의 집의 기록』과 나의 『싯다르타』를 읽은 기억을 떠올리며, 한순간도 혼자만의 시간을 허용하지 않는 냉혹한 생활을 하고 있음에도 "눈앞의 현실에 완

---

58 1차 세계 대전 이후, 독일에 수립된 최초의 민주 공화국으로, 흔히 바이마르 공화국이라 불린다.

전히 얽매이지 않고" 명상의 길을 걸으면서 내면에 도달하기 위해 노력한다고 썼습니다. 과거에 게슈타포한테 잡힌 적이 있는 어떤 이는 이렇게 썼습니다. "저는 감옥에서 많은 것을 배웠습니다. 일상적인 걱정거리는 더 이상 저를 괴롭히지 못합니다." 이런 편지는 내게 긍정적인 경험이며, 참된 인생의 증거입니다. 나한테 온 이 모든 편지들을 더욱 정독할 만한 시간과 시력이 허락된다면, 나는 이와 비슷한 글을 더 많이 인용할 수 있을 것입니다.

내 안부를 물으셨는데, 간단하게 대답하겠습니다. 나는 늙었고 지쳤습니다. 나의 작품들은 히틀러 정부에 의해 파괴되고, 미군의 끝없는 폭격으로 전부 사라져 버렸습니다. 이 같은 일은 최근 몇 년 동안 내 인생에 커다란 실망과 걱정을 가져다주었습니다. 그럼에도 종종 작은 즐거움이 있었고, 시간을 초월하여 살아가는 방법을 터득했다는 사실은 다행스러운 일입니다. 내 작품을 이 세상에 조금이라도 남기기 위해 이따금 나는 수년 전에 사라져 버린 책을 스위스에서 복간하고 있습니다. 대단한 의미는 없습니다. 왜냐하면 이 판본들은 스위스에서만 구할 수 있기 때문입니다.

나이를 먹고 노화가 진행되고 있습니다. 때로는 피가 뇌까지 제대로 올라가지 못할 때도 있습니다. 그러나 이처럼 나쁜 변화에도 좋은 면이 있습니다. 더는 모든 것을 너무 확고하거나 급하게 받아들이지 않게 되었습니다. 많은 것들을 흘려듣기도 하고, 칼에 살짝 베이거나 바늘에 찔려도 아픔을 느끼지 않게 되었습니다. 언젠가 나라고 불렸던 존재의 일부가, 나의 전체가 마땅히 당도해야 할 곳에 먼저 가 있는 듯 느껴집니다.

내가 아직 감각을 가지고 있는 까닭에 받아들이고 향유할 수 있는, 나를 기쁘게 하고 어둠을 덮어 주는 좋은 일 속엔 독일이 진정한 정신을 되찾아 계속 발전할 수 있으리라는 실낱같은 희망이 깃들어 있습니다. 나는 그러한 징후를 문화 장사꾼들이나 기회주의적 민주주의자들의 소란이 아니라, 당신의 편지가 보여 주는 결단력과 각성, 용기 그리고 착각에 현혹되지 않는 확신과 각오 속에서 기껍게 확인할 수 있었습니다. 이 점에 대해 감사드립니다. 믿음의 씨앗이 싹을 틔울 수 있도록 신념의 빛을 끝까지 지키십시오. 당신 같은 분은 소수에 불과하지만 이 땅의 소금이 될 것입니다.

(1946)

노벨 문학상 수상 소감

 이 성대한 행사를 맞아, 여러분께 경의를 표하며 진심으로 감사드립니다. 무엇보다도 직접 참석하지 못해서 죄송하다는 말씀을 드립니다. 저는 항상 건강을 걱정해야 했고, 1933년 이후 독일에서 제 모든 작품이 파기되고 저 역시 고된 의무에 시달리기 시작한 이래로 건강을 많이 잃었습니다. 하지만 정신적으로는 꺾이지 않았고, 노벨상의 기초가 되는 사상, 초국가적이고 국제적이며, 정신의 의무는 전쟁이나 파괴가 아니라 평화와 화해를 위해 매진하는 것이라는 노벨 재단의 이념을 통해 여러분 모두와 결속되어 있음을 느낍니다. 저에게 주어진 이 상은 독일어와, 인류 문화에 대한 독일의 기여를 인정하는 것으로서, 저는 (이번 상을 통해) 모든 민족과 정신적 협동을 이루고자 하는 선한 의도와 화해의 몸짓을 봅니다.
 하지만 저의 이상은 결코, 정신적으로 단일화된 총체적 인류가 되기 위해 민족적 특성을 없애는 것이 아닙니다. 절대로 그렇지 않습니다. 아름다운 우리 지구 위에 다양성, 구별, 차이가 반드시 살아남아야 합니다. 수많은 인종과 민족이 있다는 것, 다채로운 언어와 성향, 세계관이 있다는 것은 좋은 일입니다. 제가 전쟁이나 정복, 강점(强占)을 증오하고 가차 없이 반대하는 까닭은 무엇보다 이런 어둠의 힘이 역사적으로 형성되어 온 인류 문화의 개성이나 다양성을 말살하기 때문입니다. 저는 '위대한 획일화'에 적극 반대하며, 다양성과 독립성, 모방할 수 없는 고유성을 사랑합니다. 그러므로 여러분의 초대에 감사하는 손님이자 동료로서 저는 여러분의 나라, 스웨덴과 스웨덴의 언어, 문화, 풍부하고 훌륭한 역사, 자연스러운 개성을 유지하고 완성하려 하는 저항의 힘을 높이 평가합니다.

저는 한 번도 스웨덴을 방문해 본 적이 없지만 수십 년 동안 훌륭하고 우정 어린 선물을 여러 차례 받았습니다. 스웨덴으로부터 받은 최초의 선물은, 사십 년 전쯤의 일로, 셀마 라겔뢰프[59]가 직접 서명한 『예수의 전설(Kristuslegender)』 초판본이었습니다. 세월이 흐르는 동안, 저는 여러분의 나라와 의미 있는 교류를 오래 이어 왔고, 이번에 보내 준 커다란 선물에 몹시 놀랐습니다. 여러분께 깊은 감사를 드립니다.

(1946)

---

59 Selma Lagerlöf(1858~1940). 1909년에 여성 최초로 노벨 문학상을 수상했으며, 대표작으로 『닐스의 모험(Nils Holgerssons underbara resa genom Sverige)』이 있다.

옮긴이의 말

내면에 이르는 길목에 서서

이 책은 (비교적) 젊은 시절의 헤르만 헤세가 쓴 산문을 엮은 『싱클레어 노트』[60]와 『차라투스트라의 귀환』[61]에 수록된 정치적 에세이를 번역한 것이다. 헤세는 이른바 낭만적 시인으로 데뷔했다. 하지만 개신교 선교사 집안의 경건주의적 분위기는 "13살부터 시인이 되려고 했다"는 헤세에게 압박감을 주었던 듯싶다. 헤세가 내면을 탐구하는 구도자적 길에 접어든 때는 40대 초반, 『데미안』을 집필한 시기부터라고 할 수 있다. 그런데 『데미안』은 시공을 초월한 소설이라기보다, 1차 세계 대전의 회오리 속에서 쓰이고 읽힌 작품이다.

헤세는 항상 '내면의 길'을 강조하면서 패거리의 일부가 아니라 개인으로 살고자 했지만, 당대 현실은 결코 정치를 외면할 수 있는 상황이 아니었다. 독일은 프로이센을 중심으로 역사적 통일(1871년)을 이룬 뒤, 뒤늦게 식민지 쟁탈전에 뛰어

---

60 Hermann Hesse, *Sinclairs Notizbuch*, Suhrkamp, 1985(5, 6판).

61 Hermann Hesse, *Zarathustras Wiederkehr*, Suhrkamp, 2016(4판).

들었다. 그러나 뒤이은 1차 세계 대전의 패배로 영토를 잃고, 부담스러운 막대한 전쟁 배상금을 지불해야 했다. 이때, 역사상 처음으로 민주주의를 표방하는 바이마르 공화국이 수립되었지만, 격렬해지는 사회주의 운동과 끝없는 경제 불황, 그릇된 민족주의가 대두하며 히틀러의 등장을 가능하게 하는 토대가 형성되었다.

1차 세계 대전의 패전 이후, 독일의 정신, 독일적인 것을 비판하는 목소리가 드높았다. 토마스 만을 위시한 지성인들은, 칸트와 괴테의 독일이 어떻게 그토록 어리석고 비인간적인 전쟁을 도발할 수 있었는지, 자성하기 시작했다. 헤세는 좌절한 전후의 젊은이들에게 새로운 메시지를 전달하고자 애썼는데, 그 대표적인 예가 『차라투스트라의 귀환』이다. 여기서 헤세는 니체의 입을 빌려, 혹은 스스로 차라투스트라가 되어, 독일의 청년들에게 반성과 각성을 요구한다. 그는 말한다.

우리의 과업은 운명을 인식하고 고통을 받아들이며, 고통의 쓰라림을 달콤함으로 바꾸고, 바로 그 고통을 통해 성숙하는 일이다. (중략) 우리의 목표는 모든 이들의 목표가 그러하듯이, 운명과 하나가 되는 것이다. 그럴 수만 있다면, 우리가 위대하든 보잘것없든, 부유하든 가난하든, 두려움에 떨든 즐거움에 웃든 전혀 상관없다.

그러나 이어진 2차 세계 대전의 참상은 1차 세계 대전의 상흔을 능가하였고, 1차 세계 대전을 새로운 질서의 구축을 위한 일종의 '노아의 홍수'라고 여기며 희망의 끄나풀을 찾아내고자 했던 헤세는 너무나도 큰 분노와 절망을 경험하게 되었다. 그가 다시 제시한 해결책은, 국수주의의 완전한 탈피,

평화와 화해를 위한 초국가적 노력, 각성과 용기, 확신과 각오 그리고 아름다운 어린 시절에 대한 추억이다.

    여기에 실린 에세이는 앞서 언급한 두 권의 저서에서 선별하였으며, 독일의 역사와 사회 상황에 대한 헤세의 생각을 시간의 흐름에 따라 읽을 수 있도록 가능한 한 연대순으로 수록하였다.

박광자

옮긴이	충남대학교 독문학과 명예 교수며 한국헤세학회 회장을
박광자	역임했다. 저서로 『독일 영화 20』, 『괴테의 소설』, 『헤르만 헤세의 소설』, 『독일 여성 작가 연구』가 있으며, 옮긴 책으로는 『산책』, 『프라하로 여행하는 모차르트』, 『벽』, 『페터 슐레밀의 기이한 이야기』, 『싯다르타』, 『시와 진실』, 『마리 앙투아네트 베르사유의 장미』 등이 있다.

싱클레어 노트 1판 1쇄 찍음 2025년 6월 20일
1판 1쇄 펴냄 2025년 6월 27일

지은이 헤르만 헤세
옮긴이 박광자
발행인 박근섭, 박상준
펴낸곳 (주)민음사

출판등록 1966. 5. 19. 제16-490호
서울특별시 강남구 도산대로1길 62(신사동)
강남출판문화센터 5층 06027
대표전화 02-515-2000 팩시밀리 02-515-2007
www.minumsa.com

© 박광자, 2025. Printed in Seoul, Korea

ISBN 978 89 374 3135 7 04800
ISBN 978 89 374 2900 2 (세트)

* 잘못 만들어진 책은 구입처에서 교환해 드립니다.

쏜살　호주머니 속의 축제　어니스트 헤밍웨이 | 안정효 옮김

책 대 담배　조지 오웰 | 강문순 옮김

세 여인　로베르트 무질 | 강명구 옮김

시민 불복종　헨리 데이비드 소로 | 조애리 옮김

헛간, 불태우다　윌리엄 포크너 | 김욱동 옮김

현대 생활의 발견　오노레 드 발자크 | 고봉만·박아르마 옮김

나의 20세기 저녁과 작은 전환점들　가즈오 이시구로 | 김남주 옮김

장식과 범죄　아돌프 로스 | 이미선 옮김

개를 키웠다 그리고 고양이도　카렐 차페크 | 김선형 옮김

정원 가꾸는 사람의 열두 달　카렐 차페크 | 김선형 옮김

죽은 나무를 위한 애도　헤르만 헤세 | 송지연 옮김

도리언 그레이의 초상 1890　오스카 와일드 | 임슬애 옮김

아서 새빌 경의 범죄　오스카 와일드 | 정영목 옮김

질투의 끝　마르셀 프루스트 | 윤진 옮김

상실에 대하여　치마만다 응고지 아디치에 | 황가한 옮김

납치된 서유럽　밀란 쿤데라 | 장진영 옮김

모든 열정이 다하고　비타 색빌웨스트 | 임슬애 옮김

수많은 운명의 집　슈테판 츠바이크 | 이미선 옮김

기만　토마스 만 | 박광자 옮김

베네치아에서 죽다　토마스 만 | 박동자 옮김

팔뤼드　앙드레 지드 | 윤석헌 옮김

새로운 양식　앙드레 지드 | 김화영 옮김

노인과 바다　어니스트 헤밍웨이 | 김욱동 옮김

단순한 질문　어니스트 헤밍웨이 | 김욱동 옮김

겨울 꿈　F. 스콧 피츠제럴드 | 김욱동 옮김

위대한 개츠비　F. 스콧 피츠제럴드 | 김욱동 옮김

밀림의 야수　헨리 제임스 | 조애리 옮김

너와 세상 사이의 싸움에서　프란츠 카프카 | 홍성광 옮김

마음의 왕자　다자이 오사무 | 유숙자 옮김

강변의 조문객　메리 셸리 | 정지현 옮김

세 가지 인생　거트루드 스타인 | 이은숙 옮김

페르시아에서의 죽음　안네마리 슈바르첸바흐 | 박현용 옮김

토볼트 이야기　로베르트 발저 | 최가람 옮김

가스등　패트릭 해밀턴 | 민지현 옮김